Wael Elloumi

Assistance à la navigation de personnes

Wael Elloumi

Assistance à la navigation de personnes

Contributions à la localisation de personnes par vision monoculaire embarquée

Presses Académiques Francophones

Impressum / Mentions légales
Bibliografische Information der Deutschen Nationalbibliothek: Die Deutsche Nationalbibliothek verzeichnet diese Publikation in der Deutschen Nationalbibliografie; detaillierte bibliografische Daten sind im Internet über http://dnb.d-nb.de abrufbar.
Alle in diesem Buch genannten Marken und Produktnamen unterliegen warenzeichen-, marken- oder patentrechtlichem Schutz bzw. sind Warenzeichen oder eingetragene Warenzeichen der jeweiligen Inhaber. Die Wiedergabe von Marken, Produktnamen, Gebrauchsnamen, Handelsnamen, Warenbezeichnungen u.s.w. in diesem Werk berechtigt auch ohne besondere Kennzeichnung nicht zu der Annahme, dass solche Namen im Sinne der Warenzeichen- und Markenschutzgesetzgebung als frei zu betrachten wären und daher von jedermann benutzt werden dürften.

Information bibliographique publiée par la Deutsche Nationalbibliothek: La Deutsche Nationalbibliothek inscrit cette publication à la Deutsche Nationalbibliografie; des données bibliographiques détaillées sont disponibles sur internet à l'adresse http://dnb.d-nb.de.
Toutes marques et noms de produits mentionnés dans ce livre demeurent sous la protection des marques, des marques déposées et des brevets, et sont des marques ou des marques déposées de leurs détenteurs respectifs. L'utilisation des marques, noms de produits, noms communs, noms commerciaux, descriptions de produits, etc, même sans qu'ils soient mentionnés de façon particulière dans ce livre ne signifie en aucune façon que ces noms peuvent être utilisés sans restriction à l'égard de la législation pour la protection des marques et des marques déposées et pourraient donc être utilisés par quiconque.

Coverbild / Photo de couverture: www.ingimage.com

Verlag / Editeur:
Presses Académiques Francophones
ist ein Imprint der / est une marque déposée de
OmniScriptum GmbH & Co. KG
Heinrich-Böcking-Str. 6-8, 66121 Saarbrücken, Deutschland / Allemagne
Email: info@presses-academiques.com

Herstellung: siehe letzte Seite /
Impression: voir la dernière page
ISBN: 978-3-8416-2356-0

Zugl. / Agréé par: Orléans, Université d'Orléans, 2012

Copyright / Droit d'auteur © 2014 OmniScriptum GmbH & Co. KG
Alle Rechte vorbehalten. / Tous droits réservés. Saarbrücken 2014

Table des matières

Introduction générale   1

1 Etat de l'art de la localisation pédestre   5
  1.1 Introduction 5
  1.2 Différence entre la localisation pédestre et la localisation de véhicules ou bien de robots 6
  1.3 Principales technologies utilisées pour la localisation 6
    1.3.1 Systèmes communicants : 7
      1.3.1.1 GPS : 7
      1.3.1.2 Ultra Wide Band (UWB) : 7
      1.3.1.3 Bluetooth : 7
      1.3.1.4 Wifi : 8
      1.3.1.5 Ultrason : 8
      1.3.1.6 Rayonnement infrarouge (IR) : 8
      1.3.1.7 Radio-identification (RFID) : 8
    1.3.2 Capteurs : 9
      1.3.2.1 Systèmes micro électromécaniques (MEMS) 9
      1.3.2.2 Caméra 9
  1.4 Revue des travaux sur la localisation pédestre 9
    1.4.1 Systèmes de localisation dépendants d'une infrastructure 10
    1.4.2 Systèmes de localisation autonomes 11
      1.4.2.1 Cartographie et Localisation Simultanées (SLAM) . . . 12
      1.4.2.2 Cartographie préenregistrée (mémoire visuelle) 14
      1.4.2.3 Méthodes topologiques 15
  1.5 Applications de la localisation pédestre 16
    1.5.1 Militaire et interventions d'urgence 16
    1.5.2 Tourisme 18
    1.5.3 Guidage des aveugles 18
  1.6 Conclusion 19

TABLE DES MATIÈRES

2 Méthode de localisation pédestre par vision   **21**
   2.1 Introduction 21
   2.2 Présentation de la méthode 21
   2.3 Modélisation géométrique 22
      2.3.1 Le modèle sténopé 22
          2.3.1.1 Paramètres intrinsèques 23
          2.3.1.2 Parmètres extrinsèques 24
      2.3.2 Calibrage de la caméra 24
      2.3.3 Correction de la distorsion 25
   2.4 Algorithme d'apprentissage 26
      2.4.1 Appariement 27
      2.4.2 Sélection des images clef 28
      2.4.3 Calcul des paramètres extrinsèques de la caméra et reconstruction du nuage de points associé 28
          2.4.3.1 Initialisation de la géométrie épipolaire 29
          2.4.3.2 Calcul de pose incrémental 29
      2.4.4 Optimisation de la pose de la caméra par ajustement de faisceaux   30
   2.5 Algorithme de localisation 31
      2.5.1 Recherche de l'image la plus proche ... 31
          2.5.1.1 Localisation initiale 32
          2.5.1.2 Localisation le long du trajet 32
      2.5.2 Appariement 3D/2D entre image courante et image clef 32
      2.5.3 Calcul robuste de la pose 33
          2.5.3.1 Calcul d'une pose approximative 33
          2.5.3.2 Optimisation 33
   2.6 Evaluation et analyse pour le cas de la navigation pédestre 34
   2.7 Comparaison et évaluation des méthodes de mise en correspondances . 36
      2.7.1 Prototype expérimental 37
      2.7.2 Résultats 39
          2.7.2.1 Rotation 40
          2.7.2.2 Changement d'échelle 40
          2.7.2.3 Mouvement combiné 40
          2.7.2.4 Performance en temps de calcul 43
   2.8 Conclusion 43

3 Les points de fuite   **46**
   3.1 Introduction 46
   3.2 Etat de l'art de la détection des points de fuite ... 47
      3.2.1 Domaine de travail 48
          3.2.1.1 Espace image 48
          3.2.1.2 Espace de la sphère de Gauss ... 49
          3.2.1.3 Espace du plan projectif 53

TABLE DES MATIÈRES

		3.2.1.4	Autres espaces de travail	53
	3.2.2	Primitives images		53
		3.2.2.1	Droites ou segments de droite	54
		3.2.2.2	Points	54
		3.2.2.3	Contours	55
		3.2.2.4	Texture	55
	3.2.3	Type d'approches		55
		3.2.3.1	Classification et estimation en deux étapes	55
		3.2.3.2	Estimation et classification conjointe	58
	3.2.4	Nombre de points de fuite		58
3.3	Applications des points de fuite en imagerie			59
	3.3.1	Etalonnage de la caméra		59
	3.3.2	Estimation de l'orientation de la caméra		61
	3.3.3	Localisation et estimation du mouvement		62
	3.3.4	Aide à la navigation routière		62
3.4	Conclusion			63

4 Estimation de l'orientation de la caméra 65

4.1	Introduction		65
4.2	Algorithme de détection des points de fuite		67
	4.2.1	Extraction des segments dominants	67
		4.2.1.1 Prétraitements	67
		4.2.1.2 Détection des contours	68
		4.2.1.3 Détection des lignes dominantes	69
	4.2.2	Estimation des points de fuite	71
		4.2.2.1 Détection des points de fuite finis	73
		4.2.2.2 Détection des points de fuite infinis	75
		4.2.2.3 Sélection des 3 points de fuite orthogonaux	76
4.3	Estimation de l'orientation de la caméra		77
	4.3.1	Un point de fuite fini et deux points de fuite infinis	77
	4.3.2	Deux points de fuite finis et un point de fuite infini	79
	4.3.3	Trois points de fuite finis	80
4.4	Suivi des points de fuite		80
4.5	Tests expérimentaux		81
	4.5.1	Comparaison avec d'autres méthodes	82
	4.5.2	Suivi de l'orientation de la caméra	83
	4.5.3	Performance en présence de bruit	86
	4.5.4	Temps de calcul	86
4.6	Conclusion		89

TABLE DES MATIÈRES   iv

5   Mise en œuvre d'un système de localisation   94
  5.1   Introduction   94
  5.2   Présentation de la méthode   94
  5.3   Algorithme d'apprentissage   95
        5.3.1   Calcul de l'orientation de la caméra   96
        5.3.2   Mise en correspondance des images   96
        5.3.3   Sélection des images clefs   96
  5.4   Algorithme de localisation   97
        5.4.1   Recherche de l'image la plus proche   97
        5.4.2   Calcul de la déviation angulaire entre les orientations de la caméra
                dans l'image courante et l'image clef   98
        5.4.3   Guidage   99
  5.5   Tests expérimentaux   99
        5.5.1   Prototype expérimental   99
        5.5.2   Interface utilisateur   99
        5.5.3   Validation expérimentale   100
                5.5.3.1   Méthode d'évaluation   100
                5.5.3.2   Exploration du monde réel   102
                5.5.3.3   Robustesse aux changements dans la scène   103
                5.5.3.4   Performance en temps de calcul   108
  5.6   Conclusion   112

Conclusions et perspectives   113

Bibliographie   118

Table des figures

1.1 Illustration du prototype expérimental de l'approche de mémoire visuelle proposée dans [Zhang et Kleeman, 2009] 15
1.2 Exemples de prototypes d'intervention d'urgence à l'intérieur des bâtiments : (a) système basé sur les MEMS et RFID [Renaudin et al., 2007], (b) système combinant une unité de mesure inertielle (IMU), un plan du bâtiment et une communication réseau [Walder et al., 2009]. 18
1.3 Exemple d'un prototype de canne instrumentée pour des aveugles basée sur les MEMS [Hesch et Roumeliotis, 2007] 19
1.4 Exemple d'un prototype de guidage des aveugles basé sur la vision [Treuillet et Royer, 2010] 19

2.1 Modèle sténopé 23
2.2 Exemple de correction de la distorsion : (a) une image distordue (b) l'image après la correction de la distorsion 26
2.3 Algorithme d'apprentissage 27
2.4 Algorithme de localisation 31
2.5 En Vue de dessus : reconstruction 3D de l'environnement (points jaunes), positions successives mémorisées de la trajectoire de référence (carrés rouges) et calcul de la pose et direction instantanées (carré et ligne verts) 35
2.6 Exemple de localisation avec occultation partielle de la scène. Le carré bleu représente la position de la caméra et la ligne bleue représente son orientation. 35
2.7 Reconstruction 3D d'une scène acquise dans les locaux de notre laboratoire 36
2.8 Bras robot utilisé dans notre prototype expérimental 37
2.9 Evaluation des descripteurs à une transforamtion de rotation : (a), (b) représentent respectivement la variation du pourcentage moyen des inliers et la variation du nombre moyen des inliers en fonction de l'angle de rotation pour la séquence Rotation180_v25, (c), (d) correspondent à la séquence Rotation180_v50 et (e), (f) correspondent à la séquence Rotation180_v100. 41

TABLE DES FIGURES

2.10 Evaluation des descripteurs à une transforamtion de changement d'échelle : (a), (b) représentent respectivement la variation du pourcentage moyen des inliers et la variation du nombre moyen des inliers en fonction de la distance parcourue pour la séquence Translation _v25, (c), (d) correspondent à la séquence Translation _v50 et (e), (f) correspondent à la séquence Translation _v100. 42

2.11 Evaluation des descripteurs à une transforamtion composée d'une rotation et d'un changement d'échelle simultanés : (a), (b) représentent respectivement la variation du pourcentage moyen des inliers et la variation du nombre moyen des inliers en fonction de l'angle de rotation pour la séquence Combiné_v25, (c), (d) correspondent à la séquence Combiné_v50 et (e), (f) correspondent à la séquence Combiné_v100. . 44

3.1 Les étapes du processus d'estimation des points de fuite pour l'extraction des paramètres de la caméra 47
3.2 Illustration du domaine de travail de la sphère de Gauss 51
3.3 Illustration de la subdivision de la sphère d'après [Boulanger et al., 2006] : (a) subdivision régulière, (b) subdivision semi-régulière (quantification régulière de φ, quantification irrégulière de θ) 52
3.4 Paramètres intrinsèques de la caméra [Benallal, 2002] 60
3.5 Exemple d'une structure de référence pour l'étalonnage de la caméra : un parallélépipède et sa projection sur le plan image [Wilczkowiak et al., 2001] 61
3.6 Exemples de détection des points de fuite sur des scènes routières. a) des routes de désert [Kong et al., 2010], b) des routes de ville avec marquage [Simond et Rives, 2004] 63

4.1 Les différentes étapes de l'algorithme d'estimation et de suivi de l'orientation de la caméra à partir de 3 points de fuite orthogonaux 66
4.2 Egalisation de l'histogramme 68
4.3 Exemple de détection des contours par l'algorithme de Canny 68
4.4 Principe de la transformée de Hough : (a) paramètres polaires d'une droite, (b) espace d'accumulation de Hough utilisé, (c) définition d'un point comme l'intersection d'une infinité de droites, (d) courbe sinusoïdale de l'espace de Hough correspondante à un point de l'image des contours, (e) droite commune des points alignés, (f) un ensemble de courbes avec un point commun correspond à un ensemble de points alignés dans l'espace image. 70
4.5 Exemple de détection des lignes dominantes par la transformée de Hough (à gauche : l'image de contours, à droite : l'image de contours avec les lignes dominantes) 71
4.6 Interface du logociel dédié pour le paramètrage des seuils de la détection des contours et des points de fuite 72

TABLE DES FIGURES

4.7 Exemples de détection des points de fuite : (a) un point de fuite fini et deux points de fuite infinis, (b) deux points de fuite finis et un point de fuite infini. 73

4.8 Illustration du processus de détection des 3 points de fuite orthogonaux : (a) détection les lignes de fuite, (b) détection de 3 points de fuite finis, (c) détection de 2 points de fuite infinis, (c) Sélection des 3 points de fuite orthogonaux. 73

4.9 Exemple de détection de points de fuite finis redondants : (a) détection des points de fuite finis sans la contrainte de distance, (b) détection des points de fuite finis avec la contrainte de distance. 75

4.10 Exemple de détection de points de fuite infinis redondants : (a) détection des points de fuite infinis sans la contrainte de distance, (b) détection des points de fuite infinis avec la contrainte de distance. 76

4.11 Le repère caméra 78

4.12 Extraction des paramètres extrinsèques de la caméra : un point de fuite fini et deux points de fuite infinis 79

4.13 Extraction des paramètres extrinsèques de la caméra : trois points de fuite finis 81

4.14 Quelques résultats de la détection des 3 points de fuite orthogonaux et de leurs lignes associées sur des images de la base *YUDB*. La première colonne reprsénte les image originales, la deuxième colonne représente les segments de droite de la vérité terrain et la troisième colonne représente les points de fuite et leurs lignes associées détectées avec notre méthode. 84

4.15 Comparaison des histogrammes cumulés de la déviation angulaire entre l'orientation de la caméra calculée avec les 3 méthodes et la vérité terrain de la base *YUDB* : (a) pour les 3 angles de rotation (roulis, tangage et lacet), (b) pour la déviation angulaire maximale sur les 3 angles (c) pour la déviation angulaire minimale sur les 3 angles 85

4.16 Premier exemple de détection et de suivi des 3 points de fuite orthogonaux et de leurs lignes associées dans une séquence de 350 images. . . . 87

4.17 Comparaison de l'évolution des angles du lacet (a), tangage (b) et roulis (c) pour la première séquence avant et après l'activation du suivi des points de fuite. 88

4.18 Evolution du nombre total de lignes de fuite extraites, du nombre de lignes participantes aux 3 points de fuite et du nombre de lignes associées respectivement aux 2 points de fuite horizontaux et au point de fuite vertical le long de la première séquence Seq1. 89

4.19 Deuxième exemple de détection et de suivi des 3 points de fuite orthogonaux et de leurs lignes associées dans une séquence de 468 images. . . 90

4.20 Comparaison de l'évolution des angles du lacet (a), tangage (b) et roulis (c) pour la deuxième séquence avant et après l'activation du suivi des points de fuite. 91

TABLE DES FIGURES viii

4.21 Evolution du nombre total de lignes de fuite extraites, du nombre de lignes participantes aux 3 points de fuite et du nombre de lignes associées respectivement aux 2 points de fuite horizontaux et au point de fuite vertical le long de la deuxième séquence Seq2. 92

4.22 Performance en présence de bruit pour l'angle du lacet sur une séquence de 350 images : en bleu le suivi de l'angle du lacet initial, en rouge le suivi de l'angle du lacet avec un bruit de 5 pixels et en vert le suivi de l'angle du lacet avec un bruit de 10 pixels. 92

5.1 Système de localisation pédestre par l'orientation de la caméra : algorithme d'apprentissage 95

5.2 Système de localisation pédestre par l'orientation de la caméra : algorithme de localisation 98

5.3 Interface d'acquisition vidéo. 100

5.4 Interface de navigation. 101

5.5 Plan du 3éme étage du bâtiment de l'école polytechnique d'Orléans site Galilée avec les deux trajets parcourus. 102

5.6 Trajectoire de navigation relative à la première séquence (seq1) du trajet 1. 104

5.7 Trajectoire de navigation relative à la deuxième séquence (seq2) du trajet 1. 104

5.8 Trajectoire de navigation relative à la troisième séquence (seq3) du trajet 1. 105

5.9 Trajectoire de navigation relative à la quatrième séquence (seq4) du trajet 1. 105

5.10 Trajectoire de navigation relative à la première séquence (seq1) du trajet 2. 106

5.11 Trajectoire de navigation relative à la deuxième séquence (seq2) du trajet 2. 106

5.12 Trajectoire de navigation relative à la troisième séquence (seq3) du trajet 2. 107

5.13 Trajectoire de navigation relative à la quatrième séquence (seq4) du trajet 2. 107

5.14 Plan du 3éme étage du bâtiment de l'école polytechnique d'Orléans site Galilée avec les trajets 3 et 4. 108

5.15 Illustration des changements dans la scène pour le trajet 3. (a) Images de la séquence d'apprentissage, (b) images de la séquence de localisation. 109

5.16 Illustration des changements dans la scène pour le trajet 4. (a) Images de la séquence d'apprentissage, (b) images de la séquence de localisation. 109

5.17 Trajectoire de navigation de la séquence d'apprentissage relative au trajet 3. 110

5.18 Trajectoire de navigation de la séquence de localisation relative au trajet 3. 110
5.19 Trajectoire de navigation de la séquence d'apprentissage relative au trajet 4. 111
5.20 Trajectoire de navigation de la séquence de localisation relative au trajet 4. 111

Liste des tableaux

1.1 Classification des algorithmes de localisation pédestre existants 17
2.1 Les données d'évaluation des trois descripteurs 38
2.2 Comparaison du temps de calcul des différents descripteurs (en milliseconde) 43
3.1 Classification des algorithmes de détection des points de fuite selon l'espace de travail et les primitives détectées 56
3.2 Classification des algorithmes de détection des points de fuite selon le type d'approche et le nombre de points de fuite détectés 59
4.1 Validation de la précision de calcul de l'orientation de la caméra. Etude comparative de trois méthodes en fonction de la moyenne et l'écart type de la déviation angulaire entre l'orientation de la caméra calculée et celle obtenue par la vérité terrain (en degrés). 83
4.2 Comparaison des temps de calcul de l'estimation des points de fuite obtenus par notre méthode, RNS et $ATIP$ pour des images de taille 640×480. 89
5.1 Données relatives aux séquences du premier trajet (trajet 1) 103
5.2 Données relatives aux séquences du deuxième trajet (trajet 2) 103
5.3 Répartition du temps de calcul pour l'algorithme de localisation 112

Introduction générale

Contexte

La loi Handicap du 11 février 2005 « pour l'égalité des droits et des chances, la participation et la citoyenneté des personnes handicapées » pose le principe de l'accessibilité universelle des transports et des bâtiments ouverts au public (hôpitaux, administrations, entreprises, musées, monuments historiques,...). Cependant, force est de constater aujourd'hui en 2012 que, pour de nombreuses personnes fragiles, âgées ou handicapées, se déplacer dans un environnement urbain de plus en plus complexe et périlleux conduit encore souvent à la dépendance ou à l'exclusion sociale, tant la mobilité et l'autonomie sont des clefs pour mener une activité professionnelle et participer à la vie sociale.

Chacun d'entre nous a fait la difficile expérience de se localiser et de s'orienter dans un environnement urbain inconnu. Comment imaginer réussir à suivre un itinéraire même bien préparé, sans s'appuyer sur les éléments d'orientation d'un plan ou une observation visuelle de son environnement pour se localiser et projeter la poursuite de son itinéraire ? De manière générale, tous les espaces publics sont confrontés à cette problématique : fournir des informations d'orientation et de guidage adaptées à des personnes ayant des déficiences visuelles tout au long des parcours extérieurs en milieu urbain, comme à l'intérieur des bâtiments (administration, musée,...) ou dans les couloirs et stations de métro. L'aménagement actuel des sites urbains ne prend que très rarement en compte ces handicaps : les informations d'orientation classiques offertes aux piétons (carte, panneaux signalétiques,...) sont rarement accessibles aux personnes malvoyantes, et les équipements urbains spécifiques (feux tricolores parlants, bandes tactiles, cartes brailles, etc) sont malheureusement trop coûteux et lourds pour espérer une large diffusion.

A l'instar des appareils grand public de navigation par GPS déjà commercialisés pour les véhicules routiers, on imagine aisément l'assistance qu'apporterait un système de guidage individuel proposant à chaque personne un parcours piétonnier adapté à l'intérieur d'un quartier, ou d'un bâtiment, pour se rendre à sa destination. Un tel système sous-tend de maîtriser trois fonctions : localiser en continu une personne sur son trajet à l'extérieur ou à l'intérieur, planifier une trajectoire personnalisée en considérant les obstacles permanents ou intermittents, et guider en s'accommodant des éventuelles déficiences (motrice, sensorielle, cognitive). A partir de la localisation de la personne et de la destination souhaitée, la planification doit proposer un chemin adapté tenant compte des contraintes de mobilité des personnes. Il est donc nécessaire de construire une cartographie des lieux, propre à chaque bâtiment, qui répertorie les obstacles fixes (escaliers, portes, ...) et intermittents (panneaux d'affichage,..), intégrant une mise à jour. Enfin, le guidage doit être offert au moyen d'un système individuel portatif (terminal mobile) avec une ergonomie adaptée au handicap (vocale, tactile,..). Outre l'assistance aux personnes fragiles, que ce soit dans leurs trajets habituels quotidiens ou dans leur déplacements en environnement inconnu, un tel système ouvre des perspectives d'applications grand public pour augmenter la sécurité en facilitant l'évacuation d'urgence en cas de sinistre ou de danger, ou en avertissant un tiers ou encore pour suivre des parcours touristiques à l'intérieur des monuments historiques, musées, ou centres villes, et obtenir une information ponctuelle individualisée.

Mais, contrairement à la navigation routière, la réalisation d'un tel système d'assistance à la navigation des piétons butte sur deux verrous principaux. Le premier concerne l'absence d'une cartographie suffisamment fine de l'espace urbain et des bâtiments, à l'échelle des déplacements piétonniers. Cette cartographie est beaucoup plus difficile à obtenir que celle du réseau routier, pour ne pas dire impossible à atteindre tant la topographie de chaque bâtiment neuf ou ancien est spécifique. Le second verrou technologique est l'obtention une localisation précise et fiable permettant de pister chaque personne à l'extérieur comme à l'intérieur d'un bâtiment. En effet, la technologie par GPS présente de sérieuses limites : elle est inopérante en intérieur ou en sous-sol (métro) et offre à l'extérieur une précision horizontale insuffisante pour la navigation pédestre (de l'ordre de 10 mètres), conditionné à la bonne réception des signaux d'au moins trois satellites, souvent déficiente dans les zones urbaines denses, à cause du masquage des bâtiments (zones aveugles) ou des échos contre les façades, un phénomène appelé "effet canyon". Ces limitations sont d'autant plus critiques pour les piétons qui se déplacent sur les trottoirs le long des murs, il faut donc développer d'autres techniques.

C'est dans ce contexte que le projet SYCLOP, cofinancé par la société HERON Technologies SAS et le Conseil Général du Loiret, se propose d'explorer les possibilités de la vision par ordinateur pour développer une solution innovante de localisation pédestre sur un itinéraire. En effet, la vision monoculaire embarquée se présente comme une alternative très intéressante au GPS. Elle consiste à ne s'appuyer que sur les images fournies par une caméra pour calculer une localisation et un cap de cheminement du porteur dans l'espace observé. Elle est bien adaptée à la réalisation d'un système portatif à bas coût fonctionnant aussi bien en extérieur qu'en intérieur, sans nécessiter l'aménagement des espaces urbains ou l'équipement des bâtiments en balises, condition sine qua non pour espérer une large diffusion possible, par exemple, à partir de smartphones. Le choix de réduire, dans le cadre de cette thèse, le champ des recherches à l'étape de localisation est stratégique. En effet, s'attaquer à la conception d'un système complet de navigation (localisation/planification/guidage) serait un projet beaucoup trop ambitieux au vu de l'état de l'art, car chacune des 3 étapes décrites plus haut représente un défi scientifique et technologique en soi. Pour autant, les recherches et les contributions autour de la vision monoculaire proposées dans ce manuscrit ont été menées avec le souci de considérer les contraintes liées à la conception d'un système d'assistance à la navigation des personnes.

Contributions

Le travail accompli dans cette thèse a permis d'apporter plusieurs contributions :
- D'abord, la réalisation d'un état de l'art sur les techniques de localisation qui identifie la différence entre la localisation pédestre et celle des véhicules ou des robots ainsi que les technologies déjà exploitées pour la mise en œuvre de tels systèmes. Donnant un aperçu des méthodes existantes de localisation pédestre, cette étude liste les exigences à respecter en termes de précision, temps de latence, réactivité, coût, environnement, etc, mais aussi introduit nos choix méthodologiques pour la conception de notre propre système de localisation pédestre.
- La deuxième contribution de cette thèse, est la transposition d'un algorithme de localisation inspiré des travaux de thèse d'Eric Royer en robotique mobile vers la navigation pédestre. Ce système de localisation opère en deux étapes : une étape d'apprentissage et une étape de localisation. Son grand avantage est qu' il est indépendant de tout aménagement public et son point critique réside dans l'étape de la mise en correspondance. Une étude comparative des descripteurs les plus référencés dans la littérature a été menée sur des séquences qui présentent différents mouvements de la caméra. Cette étude nous a permis de conclure que le problème persiste même avec les descripteurs les plus robustes comme SIFT.
- La troisième contribution majeure de ce travail concerne l'exploitation des points de fuite pour l'estimation de l'orientation de la caméra. Notre apport principal réside dans l'introduction d'une stratégie de recherche guidée pour la sélection des trois points de fuite orthogonaux et la mise en place d'un suivi de ces points de fuite le long des séquences vidéo afin d'améliorer la robustesse de l'estimation de l'orientation de la caméra. Cette méthode opère dans l'espace image ce qui permet d'éviter des temps de calcul supplémentaires relatifs aux projections et l'accumulation des primitives sur d'autres espaces de travail comme la sphère de Gauss par exemple. Elle utilise les segments de droite comme primitives, l'information image la plus simple à manipuler pour l'extraction des points de fuite. De plus, elle permet une estimation et classification conjointes des points de fuite basée sur RANSAC.
- La dernière contribution significative de cette thèse est la conception et la mise en place d'un système de localisation fondé sur l'extraction de points de fuite et en exploitant seulement l'orientation de la caméra. Il est inspiré de la première approche évaluée et opère en deux étapes : une phase d'apprentissage permettant de définir un itinéraire de référence, par la sélection d'images clefs pour lesquelles l'orientation de la caméra est calculée puis mémorisée. Ensuite, lors de la phase

de localisation, la position du porteur de la caméra est estimée en comparant les orientations de la caméra dans l'image courante et l'image clef la plus proche.

Plan du manuscrit

La suite du manuscrit est organisée en 5 chapitres. Le premier chapitre dresse un état de l'art des méthodes de localisation pédestre. De nombreuses approches se sont inspirées des travaux antérieurs réalisés pour la navigation autonome de robots, la littérature étant beaucoup plus abondante sur ce sujet. Le chapitre commence donc par clarifier les spécificités de la localisation dans le cadre de la navigation pédestre vis-à-vis de celle des véhicules, avant de passer en revue les technologies et méthodes employées au regard des performances attendues en termes de précision, réactivité, coût, etc.

Le second chapitre présente une première approche par vision embarquée inspirée des travaux de thèse d'E. Royer, qui s'appuie sur des appariements de primitives avec une cartographie 3D pré-estimée de l'environnement. Cette présentation détaille la modélisation géométrique de la formation des images qui permet ensuite l'estimation de la pose complète de la caméra (6ddl). Une partie expérimentale propose d'évaluer le point critique de cette méthode dans le cas de la localisation pédestre qui réside dans la mise en correspondance.

Les chapitres suivants proposent une solution alternative s'affranchissant de l'étape de mise en correspondance en utilisant les points de fuite. Le chapitre 3 s'appuie sur une étude bibliographique détaillée et une analyse et classification des méthodes de détection et utilisation des points de fuite pour mieux cerner notre approche et nos contributions personnelles dans les chapitres qui suivent.

Le chapitre 4 expose la méthode originale développée pour estimer de façon robuste et rapide l'orientation de la caméra à partir de points de fuite. L'algorithme proposé réalise le suivi de 3 points de fuites orthogonaux dans une séquence vidéo à partir d'une sélection limitée de candidats par RANSAC. Des tests expérimentaux permettent de valider la méthode proposée en comparaison à des approches récentes publiées sur une base d'images test utilisée à cette fin dans la communauté. Puis la robustesse de notre méthode est illustrée sur des séquences vidéo en situation de navigation réelle dans un bâtiment.

Enfin, une mise en œuvre expérimentale de l'approche précédente pour une localisation indoor est proposée dans le cinquième chapitre. Elle se déroule en deux étapes : une phase d'apprentissage permettant de définir une trajectoire de référence en sélectionnant des images clef au long du parcours, puis une phase de localisation permettant de délivrer une position approximative mais réaliste du porteur. Le manuscrit se clôture par une conclusion générale et des perspectives de travaux futurs.

Chapitre 1

Etat de l'art de la localisation pédestre

1.1 Introduction

Se déplacer est une nécessité vitale pour chaque personne. De tout temps, l'homme a développé des moyens techniques pour faciliter ses déplacements et augmenter son autonomie. Depuis la carte et la boussole, les systèmes d'assistance à la navigation ont connu un formidable essor depuis les années 2000 avec l'avènement du GPS (*Global Positioning System*). Un système d'assistance à la navigation sous-tend de pouvoir se localiser en continu, de planifier sa trajectoire puis d'être guidé en considérant les obstacles éventuels. Pour un véhicule, le GPS doit être associé à une carte numérique. Le réseau routier a été digitalisé avec une précision de quelques mètres (5 à 20m). Sur cette carte figurent les sens de circulation et aussi les principales infrastructures tels que les parkings, les hôtels, les hôpitaux, les gares, les aéroports, etc. Grâce à cette carte on peut choisir la route qu'on veut emprunter. Si le GPS est le système de référence pour localiser les véhicules roulants, navires ou avions, il ne peut suffire pour la localisation pédestre. En effet, sa précision de localisation est trop insuffisante et qu'il est souvent inopérant dans les espaces urbains ou à l'intérieur des bâtiments. D'autres technologies s'appuyant sur des réseaux de balises communicantes (WIFI, Zigbee, RFID...) sont en cours d'expérimentation. Toutefois, à ce jour, aucune n'est encore opérationnelle et la localisation pédestre reste un défi car la précision, la réactivité et la fiabilité recherchées pour un guidage en continu sont beaucoup plus importantes que pour la robotique.

Dans ce chapitre, nous proposons de passer en revue les travaux récents menés sur ce sujet. Après une présentation des spécificités de la localisation pédestre vis-à-vis de celles des véhicules ou robots dans la section 1.2, la section 1.3 introduira les technologies utilisées pour la localisation pédestre. La section 1.4 fera un état de l'art des travaux dans le domaine, en distinguant les systèmes autonomes de ceux s'appuyant sur une infrastructure. Enfin, nous présenterons une revue non exhaustive des nombreuses applications attendues d'un tel système de navigation pour les piétons.

1.2 Différence entre la localisation pédestre et la localisation de véhicules ou bien de robots

Contrairement à la localisation de véhicules, la localisation pédestre doit faire face à de nombreux verrous scientifiques et technologiques. Tout d'abord, la précision de la localisation doit être accrue pour atteindre l'ordre de quelques dizaines de centimètres à un mètre. Les cartographies numériques ne sont pas adaptées aux déplacements pédestres car elles contiennent seulement les voies de circulation pour véhicules, sans les passages piétons. La localisation des personnes doit être opérationnelle aussi bien à l'extérieur qu'à l'intérieur des bâtiments, pour assurer des déplacements urbains complets.

D'autre part, dans le cas des robots, la navigation s'appuie généralement sur un modèle de mouvement parfaitement maîtrisé. Pour avoir une plus grande précision, le véhicule intègre souvent un gyroscope qui lui permet de repérer les changements de direction, ainsi qu'un odomètre pour connaître la distance parcourue. Le système procède à un recalage en utilisant des algorithmes de *map-matching* en confrontant les informations en provenance des capteurs proprioceptifs avec celles de la carte. L'ensemble de ce système permet d'atteindre une précision d'une dizaine de mètres, qui reste raisonnable pour guider le conducteur dans un environnement urbain.

Dans le cas d'un piéton, le système de navigation doit avoir une plus grande réactivité pour faire face aux mouvements plus rapides et moins prévisibles du piéton (ceux d'un robot guidé ou d'un véhicule sont aisément prédictibles). L'entrée dans la boucle de guidage d'un facteur humain non maîtrisable oblige à résister aux cahotements de la marche pédestre et surtout à prendre en compte les mouvements propres du piéton (non prévisibles). A cela vient s'ajouter la difficulté de modéliser le déplacement d'un piéton : à la différence d'une roue, le pas humain peut varier d'une personne à une autre et même pour la même personne selon son état et selon les circonstances. Cette variation peut devenir une source d'erreur non négligeable puisque sur des milliers de pas l'incertitude sur la distance parcourue croît rapidement. Pour tout ce qui précède, s'inspirer et adapter les concepts de la navigation automobile au contexte de la navigation pédestre demeure encore un grand défi.

1.3 Principales technologies utilisées pour la localisation

Avant de faire l'état de l'art de la localisation pédestre, cette partie propose un panorama des technologies utilisées. La plupart de ces dernières s'appuient sur des systèmes communicants ou des capteurs déjà utilisés dans la navigation automobile. On peut distinguer deux catégories. La première met en œuvre un bouquet d'émetteurs ou balises et un récepteur (GPS, UWB, Wifi, Bluetooth, RFID, etc) tandis que la seconde s'appuie sur un ou plusieurs capteurs autonomes (MEMS, caméra, etc) sans dépendance à l'infrastructure.

1.3.1 Systèmes communicants :

Les systèmes communicants, ou encore les systèmes basés sur le principe émetteur-récepteur, sont les premiers à être exploités pour assurer la localisation. Dans ce paragraphe nous allons présenter les principaux systèmes communicants utilisés dans la localisation robotique ou pédestre.

1.3.1.1 GPS :

Le GPS (*Global Positioning System*) est un système qui offre le service de positionnement civil avec une précision de 5 à 15 m. Il comprend au moins 24 satellites orbitant à 20 200 km d'altitude. Ces satellites transmettent régulièrement les informations nécessaires au calcul de leur position au récepteur qui, grâce à la connaissance de la distance qui le sépare des satellites, peut accéder à ses coordonnées. Une des améliorations du GPS, qui a été proposée afin d'augmenter sa précision, est le GPS différentiel (*Differential Global Positioning System* DGPS). Ce dernier utilise un réseau de stations fixes de référence qui transmet l'écart entre les positions indiquées par les satellites et leurs positions réelles connues. En recevant la différence entre les pseudo-distances mesurées par les satellites et les véritables pseudo-distances, le récepteur peut corriger ses mesures de positions. Cependant, cela n'apporte pas de solutions pour les inconvénients du GPS à savoir : la non opérabilité à l'intérieur des bâtiments, la dépendance à l'infrastructure ainsi que le manque de précision qui reste toujours faible même avec le DGPS pour la localisation pédestre.

1.3.1.2 Ultra Wide Band (UWB) :

Cette technologie a été développée en 1960 pour des applications radars utilisant une communication sans fil. C'est une technique de modulation radio qui est basée sur la transmission d'impulsions de très courte durée souvent inférieure à la nanoseconde. L'UWB peut être utilisé pour la communication comme il peut être également utilisé pour le positionnement de mobiles. En effet, les récepteurs, qui sont répartis dans l'environnement, peuvent évaluer la distance des balises UWB situées sur les mobiles, par mesure du temps de propagation des signaux émis par ces balises. Ceci permet au système de calculer la position des mobiles par triangulation.

1.3.1.3 Bluetooth :

Le Bluetooth ou standard IEEE 802.15, est un protocole de communication à courte portée de données. Il utilise une technique radio courte distance destinée à simplifier les connexions entre les appareils électroniques. La position d'un appareil mobile à l'aide de cette technologie est considérée comme la même que celle de la cellule individuelle qu'il est en communication avec. L'inconvénient majeur d'un tel système de localisation est que sa précision dépend fortement du nombre de cellules installées et de leurs tailles.

1.3.1.4 Wifi :

Le Wifi, aussi connu sous le nom du standard IEEE 802.11, est un protocole de communication plus sophistiqué que le Bluetooth. La localisation par Wifi ressemble à celle par Bluetooth : elle approche la position de la personne en se basant sur certaines caractéristiques de la propagation des signaux. L'inconvénient de la localisation par Wifi est qu'elle dépend d'une infrastructure relativement coûteuse dans l'endroit où on veut assurer le suivi d'une personne.

1.3.1.5 Ultrason :

Une des applications des ultrasons (onde mécanique et élastique, diffusée par un objet ou un corps dont la fréquence est supérieure à 20 kHz) est la localisation d'un mobile : le récepteur fixé sur le mobile à localiser reçoit les ultrasons émis par plusieurs émetteurs, la différence des temps d'arrivée des signaux ultrasons lui permet d'estimer la distance qui le sépare aux émetteurs. En réitérant cette même mesure avec plusieurs émetteurs, on détermine précisément la position du mobile (qui est celle du récepteur) dans l'environnement.

1.3.1.6 Rayonnement infrarouge (IR) :

C'est un rayonnement électromagnétique qui a été exploité dans plusieurs utilisations comme le chauffage, la vision nocturne, la communication, le contrôle d'authenticité de billets de banque, les détecteurs d'intrusions, etc. Il a été utilisé également pour la localisation : tout comme la localisation à ultrason, on se sert de la communication entre les émetteurs et le récepteur à infrarouge pour assurer la localisation.

1.3.1.7 Radio-identification (RFID) :

La radio-identification connue sous l'acronyme RFID (*Radio Frequency IDentification*) est une méthode d'identification automatique qui permet de mémoriser et de récupérer des données à distance en utilisant des marqueurs appelés « radio-étiquettes ». Ces radio-étiquettes, qui peuvent être implantées sur des objets ou même sur des corps humains, disposent d'une antenne et d'une puce électronique pour recevoir et répondre aux requêtes radio émises depuis l'émetteur-récepteur. Un système de localisation pédestre basé sur la RFID permet de fournir la position de la personne lorsque cette dernière passe à côté d'une radio-étiquette.

CHAPITRE 1. ETAT DE L'ART DE LA LOCALISATION PÉDESTRE

1.3.2 Capteurs :

Les capteurs exploités dans la localisation sont principalement les systèmes micro électromécaniques (*MEMS*) et la caméra avec ses différents types : perspective, omnidirectionnelle et fish-eye.

1.3.2.1 Systèmes micro électromécaniques (MEMS)

Connus aussi avec l'acronyme anglais *MEMS*, ils sont caractérisés par leur structure micrométrique et assurent la fonction de capteur et/ou d'actionneur. Les capteurs qui utilisent cette technologie sont généralement les accéléromètres, les magnétomètres, les gyroscopes ou les baromètres. Les MEMS sont indépendants de toute infrastructure et ils sont fonctionnels dans tout environnement que ce soit à l'intérieur ou bien à l'extérieur. Cependant, leur inconvénient majeur c'est que leur performance est affectée par de nombreuses erreurs (biais et bruit) qui s'accumulent rapidement au cours du temps. Pour cette raison, ils sont généralement couplés avec d'autres technologies pour assurer une localisation fiable.

1.3.2.2 Caméra

C'est un appareil électronique dont sa fonction principale est la prise de vues et/ou de séquences vidéo, mais qui peut être aussi exploitée pour assurer la localisation pédestre : grâce à une caméra embarquée et une cartographie, il est possible d'obtenir une localisation et une orientation instantanées et précises du porteur le long d'un itinéraire, à quelques dizaines de centimètres ou de degrés près. La cartographie peut être préenregistrée formant ainsi une mémoire visuelle de l'environnement comme elle peut être construite au fur et à mesure de l'avancement du porteur de la caméra dans l'environnement. Cette technique s'appelle la localisation par vision artificielle.

Toutes ces technologies ont été exploitées dans des systèmes de localisation en l'occurrence ceux dédiés pour la localisation pédestre. Dans la partie suivante nous dressons une étude bibliographique systèmes de localisation pédestre.

1.4 Revue des travaux sur la localisation pédestre

La diversité des domaines d'applications ainsi que les technologies utilisées dans la localisation pédestre ont entraîné aussi une multiplicité dans les systèmes qui ont été proposés dans la littérature à ce propos. Deux approches sont principalement utilisées dans les systèmes de localisation pédestre : les systèmes avec exploitation d'un réseau de balises ou les systèmes autonomes.

Dans ce qui suit, nous allons passer en revue les travaux proposés dans chacune de ces deux catégories.

1.4.1 Systèmes de localisation dépendants d'une infrastructure

On trouve dans cette première famille les systèmes de localisation utilisant des réseaux de capteurs ou balises comme les réseaux satellitaires (GPS) ou les réseaux locaux existants (Wifi, GSM) ou balises radiofréquence (RFID). Un tel système de localisation coûte cher car il demande l'installation d'une infrastructure bien déterminée dans toutes les régions où on veut assurer la localisation avec une précision suffisante. D'ailleurs c'est pour cela que la plupart de ces méthodes ont été testées seulement à l'intérieur des bâtiments. Citons l'exemple du système de navigation pédestre Drishti proposé par une équipe de jeunes chercheurs [Ran et al., 2004] de l'Université de Floride à Gainesville, pour guider les déficients visuels au cours de leurs déplacements au cœur du campus ou bien à l'intérieur de ses bâtiments. Ce dispositif associe le GPS différentiel (DGPS) à un Système d'Information Géographique (SIG), pour la localisation à l'extérieur [Helal et Moore, 2001] et utilise un système de positionnement ultrason pour la localisation à l'intérieur : le récepteur est composé de 2 balises attachées aux épaules de l'utilisateur alors que les émetteurs sont constitués par 4 pilotes ultrasons montées dans les quatre coins du bâtiment, pour fournir les mesures de la localisation de la personne. Pour la localisation à l'intérieur, les résultats montrent que sur 22 tests, qui ont été menés dans différentes localisations, l'erreur maximale enregistrée (l'écart de la position réelle) a été de 22 cm avec 12 cas représentant des erreurs inférieures à 10 cm de la position réelle.

Un système de localisation à infrarouge a été proposé par [Ertan et al., 1998]. Il comporte trois unités principales : un gilet qui contient une grille de 4×4 micromoteurs pour délivrer des signaux de guidage haptiques sur le dos de l'utilisateur, un ordinateur portable pour la planification d'itinéraire et un récepteur et des émetteurs à infrarouge pour localiser la personne. Pour une détection consistante des rayonnements infrarouge, les émetteurs ont été montés de telle façon qu'ils couvrent toute la trajectoire à parcourir et le récepteur IR a été tenu en hauteur pour que les signaux IR puissent être facilement détectés. Ce système a été testé par 12 étudiants âgés de 19 à 30 ans. Ils l'ont utilisé en parcourant 4 trajectoires différentes à l'intérieur d'un laboratoire. Les résultats ont montré que chaque trajectoire nécessite en moyenne 1.5 minutes de parcours et que le nombre moyen d'erreurs pour chaque individu et pour chaque trajectoire varie de 0 à 3.

D'autres travaux se sont servis des RFID pour créer un réseau de communication et assurer, en conséquence, la localisation pédestre. Une approche de navigation à l'intérieur des bâtiments pour les malvoyants a été présentée dans [Kulyukin et al., 2004a] [Kulyukin et al., 2004b], [Kulyukin et al., 2004c]. Dans ces travaux, les auteurs se sont inspirés de la navigation par chien guide pour le développement de leur système de navigation pédestre baptisé « RG ». Ce système est composé d'une plateforme robot Pioneer 2DX, d'un toolkit de navigation, d'un récepteur RFID et des radio-étiquettes pour la localisation. La plateforme robotique est rattachée au bout d'une laisse, comme un substitut à un chien-guide. Cette plateforme possède 3 roues et 16 sonars ultrasons,

CHAPITRE 1. ETAT DE L'ART DE LA LOCALISATION PÉDESTRE

8 en avant et 8 en arrière. Le toolkit de navigation comprend un ordinateur portable qui est connecté au microcontrôleur du robot via un câble USB afin de le guider. L'ordinateur portable est connecté aussi à un récepteur RFID pour assurer la localisation du robot guide. Ce prototype a été testé par 5 déficients visuels, dont 3 sont complètement aveugles et 2 qui pouvaient seulement percevoir la lumière, à l'intérieur de deux bâtiments inconnus pour eux. Tous les participants sont parvenus à atteindre leurs destinations mais ils se sont plaints de la vitesse lente de RG, 0.5 m/s alors que la vitesse de marche normale varie de 1.2 à 1.5 m/s, ainsi que de ses mouvements saccadés. En outre, ce prototype ne parvient pas à détecter les blocages de route.

1.4.2 Systèmes de localisation autonomes

A la différence de la première famille, ce type de systèmes de localisation ne nécessite aucune infrastructure existante. Il repose généralement sur un système de navigation pédestre (PNS) porté par la personne. Ce système est indépendant des régions dans lesquelles on veut assurer la localisation ou bien le suivi. Ce PNS peut être couplé avec une base de données cartographique des régions ou bien des bâtiments. Dans [Gilliéron et al., 2004], les auteurs s'inspirent de la théorie des graphes et créent un modèle lien/noeud pour la construction de la carte du bâtiment. Ensuite, ils calculent la position de la personne grâce à un module de navigation pédestre développé au sein du laboratoire de l'EPFL (École polytechnique fédérale de Lausanne) [Ladetto et Merminod, 2002]. Le PNS comporte un récepteur GPS, un compas magnétique numérique, un gyroscope, un baromètre et des algorithmes embarqués DR (*Dead Reckoning*). Tous les capteurs sont installés dans une petite boîte pour qu'il puisse être fixé à la ceinture sans gêner son utilisateur. Les résultats préliminaires de ce prototype étaient encourageants mais son utilisation est restreinte puisque il est destiné seulement aux cas d'application à l'intérieur des bâtiments.

Un système de localisation humaine pour les déficients visuels à l'intérieur des bâtiments a été récemment proposé par [Hesch et Roumeliotis, 2007]. Ce système consiste en un odomètre monté au pied de l'utilisateur pour mesurer sa vitesse et en une canne blanche sur laquelle sont attachés deux capteurs : un gyroscope 3-axes et un scanner laser pour estimer précisément l'attitude de la canne. Les informations provenant des 3 capteurs sont fusionnées en deux étapes pour l'estimation de la pose de l'utilisateur (son orientation et sa position). La première étape utilise les mesures inertielles du gyroscope 3-axes et les mesures de l'orientation relative du scanner laser afin d'estimer avec précision l'attitude de la canne blanche. La deuxième étape estime la position de la personne détenant la canne, en intégrant les mesures de la vitesse linéaire de l'odomètre, une version filtrée de l'estimation du mouvement de la canne et les primitives (des coins) extraites par le scanner laser.

Une équipe de l'EPFL [Renaudin et al., 2007] a proposé aussi une solution de navigation pédestre presque auto-déployable destinée aux interventions d'urgence. Elle consiste en une hybridation entre des capteurs MEMS et des balises d'identification

CHAPITRE 1. ETAT DE L'ART DE LA LOCALISATION PÉDESTRE

à fréquences radio RFID afin d'augmenter la précision et la robustesse du système. Walder et al [Walder et al., 2009] ont proposé un système de localisation pour assister et améliorer les interventions d'urgence à l'intérieur des bâtiments. Leur système de localisation autonome combine une centrale inertielle et un plan du bâtiment pour la localisation. De plus, il utilise un réseau sans fil (WLAN) pour la communication entre ses différentes composantes. Ce système permet une précision inférieure à 2 m.

Tous les systèmes cités, dans les deux approches, présentent soit des limitations de précision (GPS, MEMS), ou bien de portée c'est-à-dire ils ne peuvent pas être utilisés à la fois à l'intérieur et à l'extérieur (GPS), soit des coûts d'installation élevés (RFID, Infrarouge). Face à ces limitations, la vision est une solution alternative pour une localisation précise à l'intérieur comme à l'extérieur par un système autonome bas-coût. Dans la littérature il existe principalement deux approches pour traiter le problème de localisation par vision : la localisation sans *priori* ou la localisation s'appuyant sur une connaissance préalable de l'environnement (SLAM).

1.4.2.1 Cartographie et Localisation Simultanées (SLAM)

Cette approche, connue en anglais sous le nom de SLAM (*Simultaneous Localization And Mapping*) ou CML (*Concurrent Mapping and Localization*), a été développée pour la navigation de robots ou véhicules autonomes, placés dans un environnement inconnu. Au fur et à mesure des observations, la carte de l'environnement est enrichie par de nouvelles primitives, sur lesquelles s'appuie la localisation. La position des anciennes primitives est affinée en tenant compte des nouvelles observations.

Ce type d'algorithme a été utilisé avec des sonars [Leonard et Durrant-Whyte, 1991], [Wijk et Christensen, 2000] ou des télémètres laser [Moutarlier et Chatila, 1991], [Thrun et Burgard, 2000], [Olson, 2008] dans des environnements intérieurs ou encore avec des radars en extérieur [Guivant et Nebot, 2001], [Dissanayake et al., 2001]. Toutes ces méthodes ont été présentées comme solutions à la navigation des robots mobiles.

L'approche SLAM a été, plus récemment, appliquée à la stéréovision [Se et al., 2001] avec des primitives visuelles robustes aux transformations d'échelle (SIFT) pour un robot qui évolue sur un plan. Néanmoins, la mise en place d'un tel algorithme en temps-réel est difficile, vu le temps de calcul pour détecter et apparier les primitives dans les images qui s'ajoute à la gestion de la carte. Une solution est de coupler vision et odométrie pour obtenir des temps de calcul plus raisonnables. En effet, l'odométrie visuelle (VO) utilise des méthodes SFM (*structure-from-motion*) pour estimer la position relative de deux ou plusieurs images de la caméra en se basant sur la mise en correspondance des primitives détectées sur ces images. Nister [Nistér, 2004] a proposé une solution efficace pour le calcul de la pose relative de la caméra avec la mise en correspondance de cinq points pris deux images différentes provenant d'une tête stéréo ou bien d'une même caméra (deux images successives). Cet algorithme a été, ensuite, appliqué à la navigation des véhicules [Nistér et al., 2006]. Depuis, plusieurs systèmes de navigation basés sur l'odométrie visuelle ont été proposés. Un système d'odométrie visuel temps réel, sem-

CHAPITRE 1. ETAT DE L'ART DE LA LOCALISATION PÉDESTRE 13

blable aux tavaux réalisés par Mouragnon et al [Mouragnon et al, 2006] et Sunderhauf et al [Sunderhauf et al., 2005], a été présenté et amélioré dans [Konolige et al., 2007], [Agrawal et Konolige, 2006], [Agrawal et Konolige, 2007], [Konolige et al., 2009]. Ce système a été testé sur le robot LAGR équipé d'une tête stéréo, d'un GPS et d'une centrale inertielle (IMU) afin d'estimer la pose du robot avec plus de précision.

Récemment, Civera et al [Civera et al., 2009] ont proposé une méthode d'odométrie visuelle monoculaire qui combine un filtre de kalman étendu modifié (EKF) et un algorithme de RANSAC modifié pour estimer la pose d'un robot mobile. Cette approche a été testé sur des trajets réels mesurant jusqu'à 650 m de longueur. Les erreurs obtenues sont de l'ordre de 1% de la longueur des trajectoires, comparées avec les mesures obtenues par un GPS différentiel. Une approche de SLAM monoculaire en temps réel, combinant un filtre à particules et un filtre de Kalman étendu (EKF) a été présentée dans [Davison, 2003], [Davison et al., 2007] et par la suite améliorée dans [Strasdat et al., 2010a], [Strasdat et al., 2010b]. Une implémentation de l'algorithme de SLAM sur la caméra d'un *Smartphone* a été présentée dans [Klein et Murray, 2009].

En dépit de leur succès et efficacité, les méthodes basées sur le SLAM souffrent de plusieurs limites inhérentes surtout dans le cas de la localisation pédestre. D'abord, les algorithmes de SLAM sont souvent sensibles aux mouvements de caméra dégénérés (ceux qui ne permettent pas la reconstruction 3D) comme les rotations pures. En effet, une rotation pure selon un axe passant par le centre de projection d'un système de caméra monoculaire empêche la récupération de la profondeur de la scène. Or, ce genre de mouvement est tout à fait naturel chez les piétons. Un deuxième défi, qui n'est pas moins important que le premier, pour les approches SLAM est l'étude des environnements dynamiques [Bibby et Reid, 2007]. Enfin, comme la majorité des approches SLAM supposent que les capteurs sont calibrés, l'étalonnage d'un système multi-capteurs demeure un problème épineux [Lébraly et al., 2010].

Ces approches restent donc dédiées à des espaces restreints et posent des problèmes dans le cas de la marche pédestre par l'absence d'un modèle de mouvement fiable. Parmi les solutions envisagées pour pallier ces inconvénients, on peut citer la fusion multi-capteurs.

D'autres travaux se sont basés sur le principe de la théorie de graphe pour construire des cartes dans des environnements de grande dimension [Folkesson et Christensen, 2004], [Kümmerle et al., 2012], [Cunningham et al., 2012]. Connues sous le nom de Graph-SLAM, ces techniques combinent SLAM visuel et capteurs inertiels. Les positions successives du robot et des différents amers constituent les nœuds du graphe alors que les contraintes fournies par l'odométrie ou par l'observation des amers constituent ses arrêtes. Les incertitudes sur les mesures produisent des erreurs dans l'estimation des positions du robot et des amers. C'est pour cela qu'une étape d'optimisation du graphe s'avère nécessaire en minimisant l'erreur sur les contraintes du graphe. A cette fin, il existe des bibliothèques publiques (open-source) comme GTSAM [Dellaert, 2012] et G2O [Kümmerle et al., 2011]. Cependant, cette étape d'optimisation du graphe peut être très lourde.

1.4.2.2 Cartographie préenregistrée (mémoire visuelle)

Contrairement aux algorithmes SLAM, ce type de méthodes consiste à décomposer le problème en deux étapes : une étape d'apprentissage du trajet et une étape de localisation. La cartographie qui est la partie la plus complexe en termes de temps de calcul peut être traitée hors ligne. Une reconstruction 3D partielle de l'environnement peut être calculée à partir d'une séquence vidéo enregistrée le long de la trajectoire à suivre. Une fois cette « mémoire visuelle » stockée, la localisation peut s'effectuer en temps réel par l'estimation de la pose de la caméra (6 Dof *Degree of freedom*). Ce type d'approches est connu en anglais sous le nom « *Teach and replay* ».

La cartographie peut être construite en utilisant la vision seule ou en couplant la vision avec un ou plusieurs autres capteurs. Par exemple, Cobzas *et al.* [Cobzas et al., 2003] utilisent une caméra placée sur une plateforme rotative ainsi qu'un télémètre laser pour construire un ensemble d'images panoramiques enrichies de l'information de profondeur fournie par le télémètre. Ohya *et al.* [Ohya et al., 2001] construisent également une carte 3D à partir d'un capteur trinoculaire et d'un odomètre. Cette carte contient la position des lignes verticales observées durant la phase d'apprentissage. Une approche différente de construction de carte 3D a été proposée par [Li S et Tsuji, 1999]. La caméra est placée sur un véhicule de façon à voir sur le côté de la route. A partir de ces vues, une segmentation des mouvements permet de différencier les façades des différents bâtiments qui sont classées selon la distance à la caméra. Zhang et Kleeman [Zhang et Kleeman, 2009] propose un algorithme de mémoire visuelle monoculaire. Il a été testé sur un robot équipé d'une *webcam* dirigée vers un miroir panoramique, comme le montre la figure 1.1, générant des vues panoramiques dont le champ de vue (*Field Of View*) varie entre -90° et 48° pour l'élévation et 360° pour l'azimut. Sa précision de localisation moyenne varie entre 4.6 cm et 8.4 cm tandis que sa déviation latérale moyenne varie entre 7.3 cm et 9.3 cm sur des trajets d'une longueur maximale de 732 m parcourus dans différents conditions météorologiques. Les caméras omnidirectionnelles ont été largement utilisées dans de telles approches [Gluckman et Nayar, 1998], [Stratmann et Solda, 2004] car elles permettent d'avoir un grand champ de vue et moins de contraintes sur la direction de la caméra.

CHAPITRE 1. ETAT DE L'ART DE LA LOCALISATION PÉDESTRE   15

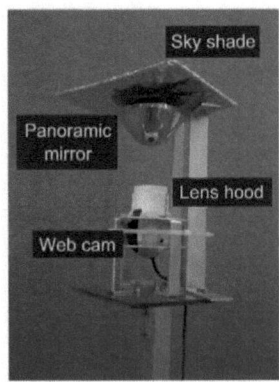

FIGURE 1.1: Illustration du prototype expérimental de l'approche de mémoire visuelle proposée dans [Zhang et Kleeman, 2009]

1.4.2.3 Méthodes topologiques

Le principe de ces approches ressemble à celui des algorithmes de la mémoire visuelle sauf que l'environnement est représenté d'une façon topologique et non métrique. Une cartographie topologique de l'environnement est construite lors de la phase de l'apprentissage ou de l'exploration de l'environnement pour être exploitée, par la suite, dans la localisation ou encore le guidage. Pour cela, l'environnement est représenté par un graphe dont les nœuds sont les observations ou bien les états et les arêtes représentent les chemins pour passer d'un état à un autre. La nature topologique de la carte est similaire à l'utilisation humaine des cartes intuitives. Elle permet une planification de trajectoire vers la destination souhaitée.

La majorité des méthodes proposées dans la littérature, pour établir la carte topologique de l'environnement, sont probabilistes. Ranganathan et al [Ranganathan et al., 2005] utilisent l'inférence Bayésienne pour trouver la structure topologique la plus adéquate de l'environnement tandis que d'autres auteurs [Shatkay et Kaelbling, 1997], [Aycard et al., 1997], [Gutierrez-Osuna et Luo, 1996] modélisent l'environnement par le Modèle de Markov Caché (MMC) ou encore par un processus de décision markovien partiellement observable (POMDP) [Tapus et Siegwart 2005], [Koenig et Simmons, 1996]. Zivkovic et al [Zivkovic et al., 2005] propose de construire la carte topologique de l'environnement en utilisant la méthode *Graph cut* alors que Shatkay et Kaelbling [Shatkay et Kaelbling, 1997] utilisent l'algorithme de Baum-Welch.

Il existe aussi d'autres approches non probabilistes qui se servent d'algorithmes de classification, une instance étant le travail de Kuipers et Beeson [Kuipers et Beeson, 2002].

Cette technique de localisation est utilisée dans différents type de système de localisation. On peut citer à titre indicatif la plateforme de navigation de [Goedemé et al., 2007]. Elle consiste en un fauteuil roulant robotisé et équipé d'une caméra omnidirectionnelle pour l'acquisition du flux vidéo, des capteurs ultrasons et un *Lidar* pour la détection d'obstacles et deux PC portables pour les traitements et la commande du fauteuil. Cette plateforme a été testée sur un trajet de 450 m et sa précision moyenne est de l'ordre de 11 cm avec une déviation standard de 5 cm et une distance entre deux états du trajet aux alentours de 3 m. Koch et Teller [Koch O et Teller, 2009] ont proposé une méthode d'aide à la navigation pédestre basé sur la vision et la représentation topologique de l'environnement. Elle consiste à établir une carte topologique de l'environnement lors de l'étape de l'exploration (graphe de la place) et estime, dans l'étape de navigation, la position de l'utilisateur dans le graphe pour le guider en lui fournissant, à chaque nœud, la direction à emprunter. Cet algorithme a été testé sur un système portable composé d'un jeu de quatre caméras non-calibrées montées sur les bretelles d'un sac à dos et d'un PC portable. Sa précision est de l'ordre de 15° sur des trajets dont la longueur varie entre 400 m à 1500 m

Dans cette section, nous avons présenté des systèmes et des méthodes de la littérature qui ont été proposés dans le cadre de la localisation pédestre. Le tableau 1.1 présente une classification de ces systèmes et résume leurs résultats présentés.

Dans cette partie, nous avons présenté différents systèmes de localisation pédestre de la littérature tout en les classifiant selon leur autonomie. Dans la partie suivante nous détaillons les applications principales de tels systèmes.

1.5 Applications de la localisation pédestre

La localisation pédestre est la dernière arrivée dans le domaine de la géomatique, ses domaines d'application sont multiples et variés. A titre non exhaustif, on peut citer les applications militaires, les interventions d'urgence, le tourisme ou le guidage des personnes malvoyantes. Dans ce qui suit, nous détaillons certaines de ces applications de localisation pédestre tout en citant quelques travaux de la littérature.

1.5.1 Militaire et interventions d'urgence

Le GPS était à l'origine un projet de recherche de l'armée américaine dans les années 1960, diffusé ensuite pour des fins civiles. La localisation de ses engins ainsi de chacun de ses soldats est stratégique et représente une importance primordiale pour toutes les armées. Cette capacité est déjà atteinte pour les véhicules mais elle est encore recherchée pour les soldats. Les entités en charge des services d'urgence sont aussi très intéressées par les systèmes de navigation pédestres parce que les données de navigation pourraient améliorer considérablement la sécurité et l'exploitation de leurs agents sur le site d'intervention, en particulier dans les cas où la visibilité est très réduite (fumée).

CHAPITRE 1. ETAT DE L'ART DE LA LOCALISATION PÉDESTRE

Réf.	Année	Technologie(s)	Tests et résultats présentés	Type
[Ertan et al., 1998]	1998	IR	De 0 à 3 erreurs par trajet intérieur de 50 à 71 pieds (de 15 à 21.3 m)	S.Dép
[Ohya et al., 2001]	2001	Vision trinoculaire et odomètre (M.V)	Précision de 3 à 5 cm sur un trajet intérieur de 10m	S.Aut
[Ran et al., 2004]	2004	DGPS et ultrason	Précision de 22 cm sur des trajets intérieurs et extérieurs	S.Dép
[Kulyukin et al., 2004a]	2004	RFID et ultrason	Trajet intérieur de 40 m	S.Dép
[Gilliéron et al., 2004]	2004	MEMS et carte du bâtiment	Pas de décrochages si l'utilisateur se déplace au milieu du couloir	S.Aut
[Renaudin et al., 2007]	2007	MEMS et RFID	Précision de 5 m à l'intérieur d'un bâtiment de 225×125 m	S.Dép
[Hesch et Roumeliotis, 2007]	2007	MEMS	Précision de 16 cm sur un trajet intérieur de 130 m	S.Aut
[Goedemé et al., 2007]	2007	Vision monoculaire, ultrason et lidar (M.T)	Précision moyenne de l'ordre de 11 cm sur un trajet de 450 m, avec une déviation standard de 5 cm et une distance entre deux états du trajet aux alentours de 3 m,	S.Aut
[Walder et al., 2009]	2009	MEMS et réseau sans fil	Précision inférieur à 2 m à l'intérieur des bâtiments.	S.Aut
[Konolige et al., 2009]	2009	Stéréovision, GPS et IMU (SLAM)	Pourcentage d'erreur inférieur à 1% de la longueur de la trajectoire sur des trajets à l'extérieur de 4 km et 9 km parcourues avec une vitesse maximum de 1.3 m/s	S.Aut
[Civera et al., 2009]	2009	Vision monoculaire (SLAM)	Pourcentage d'erreur de l'ordre de 1% de la longueur des trajectoires sur des trajets à l'extérieur mesurant jusqu'à 650 m.	S.Aut
[Koch O et Teller, 2009]	2009	Vision avec 4 caméras (M.T)	Précision de l'ordre de 15° sur des trajets entre 400 m et 1500 m de longueur.	S.Aut
[Zhang et Kleeman, 2009]	2009	Vision monoculaire (M.V)	Précision de localisation moyenne qui varie entre 4.6 cm 8.4 cm et une déviation latérale moyenne qui varie entre 7.3 cm et 9.3 cm sur des trajets d'une longueur maximale de 732 m parcourus dans différents conditions météorologiques	S.Aut
[Strasdat et al., 2010b]	2010	Vision monoculaire (SLAM)	Trajet extérieur d'environ 250 m	S.Aut
[Treuillet et Royer, 2010]	2010	Vision monoculaire (M.V)	Précision de 20 cm à 66 cm sur des trajets intérieurs de 70 m et extérieurs de 150 m	S.Aut

M.V : Mémoire visuelle ; M.T : Méthode topologique ; S.Aut : Systmème autonome ; S.Dép : Système dépendant

Tableau 1.1: Classification des algorithmes de localisation pédestre existants

Pour répondre à ce problème, des systèmes de positionnement et de navigation pédestre ont été proposés pour l'intervention d'urgence des pompiers ou des policiers à l'intérieur des bâtiments [Renaudin et al., 2007], [Gay Bellile et al., 2010].

(a) (b)

FIGURE 1.2: Exemples de prototypes d'intervention d'urgence à l'intérieur des bâtiments : (a) système basé sur les MEMS et RFID [Renaudin et al., 2007], (b) système combinant une unité de mesure inertielle (IMU), un plan du bâtiment et une communication réseau [Walder et al., 2009].

1.5.2 Tourisme

Outre sa fonction première de guidage, un système de localisation mobile pour les piétons permet de délivrer une information ciblée au porteur à un point précis de l'itinéraire, voire même selon une orientation donnée. On peut donc parfaitement imaginer qu'un tel système soit mis en œuvre pour des visites guidées, tout public voyant et non voyant, dans des villes ou des musées. Les moyens actuels de télécommunication mobile autorisent, à terme, un accès interactif à des informations complémentaires sur la cité (points d'intérêts, transports collectifs, etc) par le géo-référencement du parcours sur une cartographie numérique existante. A chaque fois que le touriste passe à côté d'une zone, bâtiment, sculpture intéressante, le système lui donne les informations qui se voient intéressantes ou utiles.

1.5.3 Guidage des aveugles

Les personnes déficientes visuelles sont en attente d'outils de navigation et de guidage fiables pour faciliter et sécuriser leurs déplacements quotidiens pour une bonne intégration sociale (éviter des obstacles, guidage, etc). L'accessibilité universelle des bâtiments imposée par la loi Handicap de 2005 est loin d'être acquise. Remplacer les outils de guidage traditionnel (chien guide) et de détection d'obstacles (canne blanche) demeure une ambition, qui s'agrandit tous les jours avec le progrès technologique. La spécificité d'une assistance aux déplacements des personnes malvoyantes est de pouvoir les guider tout au long du trajet par rapport à un itinéraire de référence. Ce guidage nécessite d'avoir accès à la position et à l'orientation instantanées du piéton avec une quasi continuité (grande fréquence). Plusieurs travaux de recherche et plusieurs systèmes, dont le nôtre, ont été proposés dans ce cas d'application afin d'assister la navigation des personnes malvoyantes dans les environnements inconnus [Ran et al., 2004], [Kulyukin et al., 2004b], [Hesch et Roumeliotis, 2007], [Treuillet et Royer, 2010]. Dans ce cadre, des projets européens ont été proposés, comme celui de CASBLiP qui a abouti à la définition d'un système de traduction visuo-auditive et d'autres qui sont encore en cours comme HAPTIMAP (Haptic, Audio and Visual Interfaces for Maps and Location Based Services) et NAVIG (Navigation Assistée par VIsion artificielle et Gnss) qui ont pour objectif d'augmenter l'autonomie des déficients visuels. Les figures 1.3 et 1.4 représentent deux exemples de prototypes pour l'assistance à la navigation et le guidage des aveugles.

FIGURE 1.3: Exemple d'un prototype de canne instrumentée pour des aveugles basée sur les MEMS [Hesch et Roumeliotis, 2007]

FIGURE 1.4: Exemple d'un prototype de guidage des aveugles basé sur la vision [Treuillet et Royer, 2010]

1.6 Conclusion

Dans ce chapitre, nous avons mené une étude des systèmes de localisation pédestre présents dans la littérature. Pour cela, nous avons, tout d'abord, mis en avant la différence entre la localisation pédestre et celle des véhicules ou des robots ainsi que les technologies déjà exploitée pour la mise en œuvre de tel systèmes. Ensuite, nous avons passé en revue les méthodes de localisation pédestre et nous avons vu qu'il existe deux types d'approches : les systèmes dépendants d'une infrastructure et les systèmes autonomes. La littérature est très abondante sur ce sujet, ce qui témoigne de l'intérêt pour beaucoup d'applications comme présenté dans la section 1.5. Cette étude nous a permis

CHAPITRE 1. ETAT DE L'ART DE LA LOCALISATION PÉDESTRE   20

d'étudier les exigences à respecter en termes de précision, temps de latence, réactivité, coût, environnement, etc ainsi que des différentes technologies, existantes sur le marché, qui peuvent répondre aux besoins d'un système de localisation pédestre.

Dans le chapitre suivant, nous présentons une première méthode de localisation pédestre, basée sur la vision monoculaire, et inspirée de la localisation en robotique mobile [Treuillet et Royer, 2010].

Chapitre 2

Méthode de localisation pédestre par vision monoculaire embarquée

2.1 Introduction

Se localiser est une des tâches que nous faisons naturellement grâce à notre vue et notre mémoire. Cependant, l'assurer artificiellement demeure un défi pour toute la communauté de la vision par ordinateur.

Dans le chapitre précédent, nous avons mis en avant les spécificités de la localisation pédestre vis-à-vis de celle des véhicules ou robots. Nous avons présenté aussi, dans un deuxième temps, les principales méthodes de localisation proposées dans la littérature ainsi que les technologies exploitées pour ce propos. L'objectif de ce chapitre est donc de mettre en place une méthode de localisation pédestre, pour un fonctionnement efficace aussi bien en extérieur qu'en intérieur, fondé sur l'indépendance vis-à-vis de l'équipement collectif. Un aperçu de la méthode proposée sera présenté dans la section suivante. Ensuite, une modélisation géométrique de la formation des images sur la caméra sera introduite dans la section 2.3. Les sections 2.4 et 5.4 détaillerons les différentes étapes des algorithmes d'apprentissage et de localisation. La section 2.6 sera consacrée pour l'évaluation de notre approche et son analyse pour le cas de la navigation pédestre. Enfin, la section 2.7 présentera une étude comparative des méthodes de mise en correspondance les plus référencées.

2.2 Présentation de la méthode

Tout au long de ce chapitre, nous allons présenter une méthode de localisation pédestre par vision monoculaire embarquée. L'approche que nous avons adoptée est inspirée de la méthode proposée par [Royer et al., 2006], [Royer, 2006] en robotique mobile et tire partie des progrès récents de la navigation par vision artificielle dérivée de la robotique mobile (odométrie visuelle) : grâce à une caméra embarquée et une cartographie préenregistrée, il est possible d'obtenir une localisation et une orientation instantanées du porteur de la caméra le long d'un itinéraire, à quelques dizaines de centimètres près. Tout comme les méthodes de type mémoire visuelle, présentées dans la section 1.4.2.2, cette méthode se compose de deux étapes qui sont l'apprentissage et la localisation.

La phase d'apprentissage consiste à la construction d'une cartographie 3D de l'environnement. Cette dernière est obtenue à partir d'une séquence vidéo acquise lors d'un parcours préalable de l'itinéraire de référence puis traitée hors ligne de façon automatique par un ordinateur. Elle utilise des points singuliers naturels existants dans la scène et détectés automatiquement dans les images (points anguleux sur bâtiments, portes, fenêtres, panneaux, arbres...). Cette phase d'apprentissage est réalisée une seule fois pour chaque itinéraire. La quantité de données stockées dans cette mémoire visuelle est limitée : elle comporte les positions de quelques images clef sélectionnées et les caractéristiques des marqueurs 3D retenus (points singuliers naturels détectés dans la scène).

En phase de localisation, lorsque l'on se déplace sur le même parcours, la pose de la caméra est automatiquement calculée en mettant en relation les points extraits dans chaque nouvelle image avec les marqueurs de la mémoire visuelle (cartographie 3D de l'environnement).

Cette technique de localisation par vision monoculaire a fait ses preuves en robotique mobile [Royer et al., 2006, Royer, 2006]. C'est pour cela nous avons envisagé sa transposition vers la navigation pédestre.

2.3 Modélisation géométrique

Dans cette section nous allons décrire brièvement le modèle géométrique qui correspond au processus de formation des images prises par une caméra. Pour cela nous allons, tout d'abord, présenter le modèle sténopé qui nous permet de déterminer les paramètres intrinsèques et extrinsèques de la caméra. Ensuite, nous décrivons les techniques utilisées pour l'étalonnage (ou encore calibration, calibrage) et la correction de la distorsion de la caméra.

2.3.1 Le modèle sténopé

Le modèle sténopé (*pinhole* en anglais) est le modèle le plus simple pour modéliser une caméra par une projection perspective. Ce modèle permet de transformer un point 3D M de la scène observée en un point image m et par conséquent de trouver les relations mathématiques entre un point dans l'espace et son image sur le capteur.

CHAPITRE 2. MÉTHODE DE LOCALISATION PÉDESTRE PAR VISION

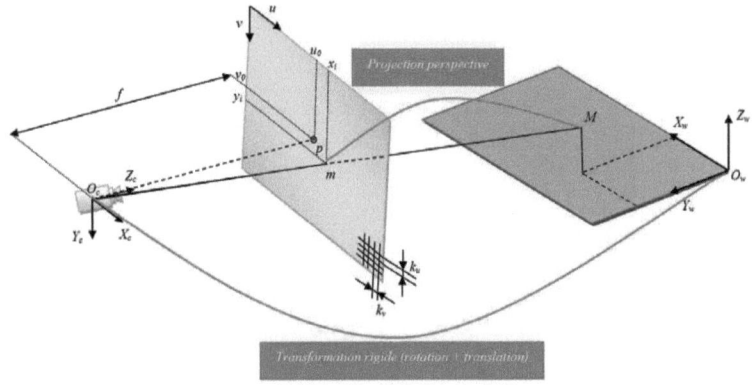

FIGURE 2.1: Modèle sténopé

2.3.1.1 Paramètres intrinsèques

On désigne par $R_c(O_c, X_c, Y_c, Z_c)$ le repère lié à la caméra. L'origine du repère est placé sur le centre optique et l'axe optique Z_c est orthogonal au plan de projection (plan image). Ce plan, où se forme l'image, est situé à une distance f du centre de projection du repère caméra O_c appelée distance focale. L'intersection entre le plan image et l'axe optique est appelé point principal. Ce point p est différent du centre de l'image. Le point 3D M de coordonnées (X_c, Y_c, Z_c) dans le repère caméra se projette dans le plan image le long d'une droite passant par O et M comme le montre la figure 2.1. Son image m a pour cordonnées :

$$m_{(O,X_C,Y_c,Z_c)} = \begin{pmatrix} f\frac{X_c}{Z_c} \\ f\frac{Y_c}{Z_c} \\ f \end{pmatrix} \qquad (2.1)$$

Si l'on exprime les coordonnées de m en pixels par rapport au coin supérieur gauche I dans le repère image (I, u, v) alors l'équation 2.1 devient :

$$m_{(I,u,v)} = \begin{pmatrix} f\frac{X_c}{Z_c}k_u + u_0 \\ f\frac{Y_c}{Z_c}k_v + v_0 \end{pmatrix} \qquad (2.2)$$

où (u_0, v_0) sont les coordonnées en pixels du point principal p dans le repère (I, u, v) et k_u et k_v sont respectivement les facteurs de conversion horizontal et vertical.

Cette transformation peut être représentée sous forme matricielle en utilisant les coordonnées homogènes. Par la suite, le signe ∝ désigne une égalité à un facteur près non nul. La projection du point M sur l'image en coordonnées homogènes est donné par l'équation suivante :

$$m = \begin{pmatrix} sx_i \\ sy_i \\ s \end{pmatrix} \propto \begin{pmatrix} fk_u & 0 & u_0 & 0 \\ 0 & fk_v & v_0 & 0 \\ 0 & 0 & 1 & 0 \end{pmatrix} \begin{pmatrix} X_c \\ Y_c \\ Z_c \\ 1 \end{pmatrix} \propto K.M \qquad (2.3)$$

où K est la matrice des paramètres intrinsèques de la caméra et (x_i, y_i) sont les coordonnées de la projection du point M dans le plan image.

2.3.1.2 Parmètres extrinsèques

L'équation 2.3 décrit les propriétés optiques et géométriques internes de la caméra c'est pour cela que les coordonnées du point M sont exprimées dans le référentiel caméra. Afin de calculer la projection d'un point dont les coordonnées sont exprimées dans le repère monde $R_w(O_w, X_w, Y_w, Z_w)$ il faut estimer les paramètres qui décrivent la relation entre le référentiel monde et le référentiel image appelés paramètres extrinsèques. Pour cela il faut procèder à un changement de repère par une transformation rigide (composée d'une rotation et d'une translation) pour faire coïncider les repères R_c et R_w comme le montre la figure 2.1. En coordonnées homogènes, cette transformation s'écrit sous la forme suivante :

$$\begin{pmatrix} r_{00} & r_{01} & r_{02} & 0 \\ r_{10} & r_{11} & r_{12} & 0 \\ r_{20} & r_{21} & r_{22} & 0 \\ 0 & 0 & 0 & 1 \end{pmatrix} \begin{pmatrix} 1 & 0 & 0 & t_x \\ 0 & 1 & 0 & t_y \\ 0 & 0 & 1 & t_z \\ 0 & 0 & 0 & 1 \end{pmatrix} \begin{pmatrix} X_w \\ Y_w \\ Z_w \\ 1 \end{pmatrix} = (R|Rt)\,M \qquad (2.4)$$

où $(R|Rt)$ est la matrice des paramètres extrinsèques et M est un point de la scène dont les coordonnées sont exprimées dans le repère monde R_w.

Les deux transformations de l'équation 2.3 et de l'équation 2.4 nous permettent de calculer les coordonnées du point m à partir de celles de M :

$$m \propto K\,(R|Rt)\,M \propto P.M \qquad (2.5)$$

où P est la matrice de projection qui caractérise le modèle sténopé et contient 11 paramètres (5 paramètres intrinsèques et 6 paramètres extrinsèques).

2.3.2 Calibrage de la caméra

L'étalonnage de caméra consiste à trouver les paramètres internes de la caméra en déterminant la relation entre les coordonnées tridimensionnelles d'un point de la scène observée et son point associé (sa projection) dans l'image prise par la caméra. Cette étape est incontournable pour de nombreuses applications de la vision par ordinateur

CHAPITRE 2. MÉTHODE DE LOCALISATION PÉDESTRE PAR VISION

comme la reconstruction 3D, la localisation et la navigation pédestre ou de robot mobile, etc. Connu sous le nom orientation interne, le calibrage de caméra a été préalablement traité par la communauté de la photogrammétrie. En conséquence, de nombreuses méthodes de calibrage ont été proposées dans la littérature. Ces approches sont généralement classifiées en deux familles. La première famille englobe les méthodes de calibrage avec un objet de référence ou une mire [Zhang, 2000], [Zhang, 2004], [Bouguet, 2006] alors que la seconde s'affranchit de cette contrainte et on parle alors d'auto-calibrage [Faugeras et al., 1992], [Hartley, 1992], [Pollefeys et al., 1998].

Nous avons opté pour la méthode de Bouguet [Bouguet, 2006] qui fait partie de la première famille et qui est disponible sur internet. Elle consiste à calibrer la caméra à partir de plusieurs images d'une mire (une vingtaine d'images) prises sous des points de vue différents en cherchant les paramètres de la caméra qui minimisent l'erreur de reprojection de chaque point de la mire dans chaque image. Les positions des coins de chaque carré de la mire sont alors extraites puis raffinées en cas de distorsion. Ensuite, les paramètres de la caméra sont déterminés par optimisation non linéaire.

2.3.3 Correction de la distorsion

La distorsion est une aberration géométrique due aux objectifs utilisés qui ne correspondent pas exactement, en réalité, au modèle sténopé. A cause de cette aberration, la position de la projection d'un point sur le plan image n'est pas la même avec le modèle sténopé. Ceci explique la courbure des lignes droites de la scène photographiée comme le montre la figure 2.2. Afin de rétablir la forme réelle de la scène, il est nécessaire de passer par une étape de correction de la distorsion. Cette dernière se manifeste selon une composante radiale et une composante tangentielle qui est beaucoup moins importante.

Afin de corriger la distorsion, on calcule, pour chaque pixel de l'image corrigée (image en sortie), sa position correspondante dans l'image distordue (image en entrée). Soit M un point de la scène dont les coordonnées dans le repère monde sont (X_w, Y_w, Z_w) et ses coordonnées dans le repère caméra sont (X_c, Y_c, Z_c). La projection de M sur le plan image est donnée par l'équation 2.3. Les coordonnées en pixels de la projection de ce point pour une caméra réelle (avec distorsion) sont :

$$\begin{cases} x_p = f_x\, x_i + u_0 \\ y_p = f_y\, y_i + v_0 \end{cases} \quad (2.6)$$

Cependant, une caméra de même focale placée au même endroit et suivant parfaitement le modèle sténopé projetterait le point en (x_{pu}, y_{pu}). Afin de ramener (x_p, y_p) à (x_{pu}, y_{pu}), on procède à une correction de la distorsion. En introduisant la distorsion de la caméra, la nouvelle position $m_d(x_d, y_d)$ de la projection du point $M(X_c, Y_c, Z_c)$ sur le plan image est définie comme suit :

$$\begin{cases} x_d = (1 + k_1 r^2 + k_2 r^4) x_i + dx_x \\ y_d = (1 + k_1 r^2 + k_2 r^4) y_i + dx_y \end{cases} \quad (2.7)$$

où $r^2 = x_i^2 + y_i^2$ et dx est le vecteur de distorsion tangentielle :

$$dx = \begin{bmatrix} 2k_3 x_i y_i + k_4 (r^2 + 2x_i^2) \\ k_3 (r^2 + 2y_i^2) + 2k_4 x_i y_i \end{bmatrix} \quad (2.8)$$

k_1, k_2, sont les coefficients de la distorsion radiale et k_3, k_4 sont les coefficients de la distorsion tangentielle. Pour des raisons de simplification de calcul, les coefficients d'ordre supérieur ne sont pas pris en compte.

Ce qui nous permet d'obtenir les coordonnées du point après correction :

$$\begin{cases} x_{pu} = f_x \, x_d + u_0 \\ y_{pu} = f_y \, y_d + v_0 \end{cases} \quad (2.9)$$

Une fois que nous avons trouvé la position du pixel de l'image corrigée dans l'image distordue, sa valeur peut être calculée par interpolation bilinéaire. Nous précisons que si la résolution des images est différente de ce qui a été utilisé à l'étape de l'étalonnage alors f_x, f_y, u_0 et v_0 doivent être ajustés correctement tandis que les coefficients de distorsion restent les mêmes.

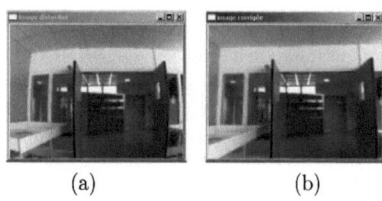

(a)   (b)

Figure 2.2: Exemple de correction de la distorsion : (a) une image distordue (b) l'image après la correction de la distorsion

Après avoir introduit le modèl géométrique de notre caméra ainsi que sa calibration, nous détaillerons dans les sections 2.4 et 2.5 les différentes étapes de l'approche de localisation proposée.

2.4 Algorithme d'apprentissage

Dans cette section, nous allons étudier toutes les étapes de la phase d'apprentissage de la méthode de localisation proposée. Le schéma global de l'algorithme est présenté

CHAPITRE 2. MÉTHODE DE LOCALISATION PÉDESTRE PAR VISION 27

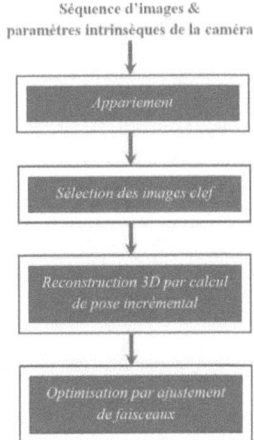

FIGURE 2.3: Algorithme d'apprentissage

dans la figure 2.3.

2.4.1 Appariement

Comme tout algorithme de détermination de la structure à partir d'un mouvement (en anglais *SFM : structure from motion*), notre méthode repose sur la mise en correspondance des images. Cette technique est très connue dans le domaine de la vision par ordinateur. En effet, elle représente l'une des étapes les plus importantes de ce genre d'algorithme qui intervient aussi bien dans la reconstruction 3D que dans la phase de localisation. La mise en correspondance comporte deux étapes : la détection de primitives et le calcul des descripteurs locaux. Plusieurs méthodes d'appariement ont été proposées dans la littérature. Certaines d'entre elles proposent à la fois un détecteur et un descripteur [Lowe, 2004], [Bay et al., 2006], [Ke et Sukthankar, 2004]. D'autres, utilisent deux approches distinctes pour la détection des primitives et le calcul des descripteurs. Nous avons opté pour le détecteur de coins de Harris[Harris et Stephens, 1988] associé à la corrélation croisée qui nous semble être le meilleur compromis entre temps de calcul et robustesse. Les points d'intérêts sont extraits dans chaque image en utilisant le détecteur de coins de Harris. Ensuite, ces points sont appariés en se basant sur la mesure de la corrélation des fenêtres centrées en ces points. A chaque point x_{i1} de l'image 1 correspond une zone de recherche rectangulaire et centrée en les cordonnées de x_{i1} dans l'image 2. Un score de corrélation croisée centrée et normalisée (ZNCC) est alors calculé pour chacun des points d'intérêts x_{j2} situé dans cette zone de recherche ou bien dans ses zones voisines ce qui nous permet d'obtenir une liste de couples candidats (x_{i1}, x_{j2}, s). Pour satisfaire la contrainte d'unicité, on sélectionne le couple avec le meilleur score (x_{i1}, x_{j2}, s) et on supprime tous les autres couples de la liste contenant l'un de ses points x_{i1}ou x_{j2}. Cette opération est répétée jusqu'à ce qu'il n'y ait plus de redondance dans la liste de couples. Le score de corrélation est calculé sur un voisinage de 11 × 11 pixels selon l'équation suivante :

$$zncc_{11}(x_{i1}, x_{j2}) = \frac{\sum_{d \in V_{11}} (I_1(x_{i1}+d) - \bar{I}_1(x_{i1}))(I_2(x_{j2}+d) - \bar{I}_2(x_{j2}))}{\sqrt{\sum_{d \in V_{11}} (I_1(x_{i1}+d) - \bar{I}_1(x_{i1}))^2} \sqrt{\sum_{d \in V_{11}} (I_2(x_{j2}+d) - \bar{I}_2(x_{j2}))^2}} \quad (2.10)$$

avec

$$\bar{I}_n(x_{in}) = \frac{1}{11^2} \sum_{d \in V_{11}} I_n(x_{in}+d) \quad (2.11)$$

où V_{11} le voisinage 11 × 11 centré en $(0,0)$. Le seuil minimum pour retenir un couple est fixé à 0.8.

2.4.2 Sélection des images clef

Traiter toutes les images de la séquence augmente non seulement le temps de calcul mais aussi le risque d'avoir un mouvement de la caméra trop faible entre images et par conséquent de ne pas pouvoir calculer la géométrie épipolaire (calcul mal conditionné). Afin de surmonter ces problèmes nous procédons à une sélection des images clef qui seront utiliser dans le calcul de la reconstruction. Le déplacement de la caméra entre images clef doit être le plus grand possible tout en gardant un nombre minimal de primitives en commun entre eux. Pour cela on garde toujours la première image de la séquence I_1. Ensuite, I_2 est choisie comme étant l'image la plus éloignée de I_1 et ayant au moins M primitives en commun avec cette image. Une fois que les deux premières images sont choisies, I_3 est sélectionnée en s'assurant qu'elle ait au moins M primitives en commun avec I_2 et au moins N primitives en commun avec I_1 afin de garantir un minimum de correspondances entre les images clef pour le calcul de la géométrie épipolaire. Cette procédure est répétée jusqu'à atteindre la fin de la séquence. Nous précisons que les deux seuils utilisés dépendent de la résolution des images et du nombre de primitives détectés. Dans nos expériences, ils sont fixés à $M = 400$ et $N = 300$ pour une image de taille 320 × 240.

2.4.3 Calcul des paramètres extrinsèques de la caméra et reconstruction du nuage de points associé

Une fois les images clef sélectionnées, l'étape suivante consiste au calcul du mouvement de la caméra (la géométrie épipolaire) entre ces images en se basant sur la mise

CHAPITRE 2. MÉTHODE DE LOCALISATION PÉDESTRE PAR VISION 29

en correspondance de leurs points d'intérêt. Sachant les paramètres intrinsèques de la caméra ainsi qu'une liste de points homologues entre les images successives, l'objectif est d'estimer la pose de la caméra pour chacune des images de la séquence et de reconstruire le nuage de points qui lui est associé qui serviront, par la suite, à localiser le porteur de la caméra. Ces deux problèmes sont très liés et dépendent l'un de l'autre. En effet, une fois la pose relative des caméras est connue, il serait possible de calculer la position 3D des points par simple triangulation et inversement.

2.4.3.1 Initialisation de la géométrie épipolaire

Au début de la séquence, nous ne disposons pas encore d'un nuage de points reconstruits ni de la pose des caméras. Donc il faut plutôt utiliser une méthode qui permette de calculer la géométrie épipolaire à partir des coordonnées des points homologues détectés dans les images. Comme la caméra est calibrée, nous avons opté pour l'algorithme des 5 points de Nistér [Nistér, 2004] pour le premier triplet d'images. La procédure d'initialisation de la géométrie épipolaire, basée sur l'algorithme de RANSAC, peut être décrite selon ces étapes : d'abord, on calcule la matrice essentielle E_{13} entre l'image 1 et l'image 3 en utilisant un échantillon de 5 points en correspondance tirés aléatoirement. Le déplacement de la caméra entre ces deux images est alors déduit et la position 3D des 5 points est obtenue par triangulation. Ensuite, la pose de la caméra 2 est estimée à partir des points 3D. Il existe au plus 10 solutions pour la matrice E_{13} dont chacune d'entre elles fournit 4 solutions pour le déplacement de la caméra (rotation+translation). Parmi ces solutions une seule solution correspond à la géométrie réelle de l'acquisition : celle qui permet de reconstruire les 5 points devant les deux caméras simultanément. Par conséquent, chaque tirage nous donne une hypothèse pour la pose des trois caméras. Enfin, la meilleure hypothèse, qui admet le plus grand nombre d'inliers, est retenue en calculant l'erreur de reprojection des points appariés sur les 3 vues. La méthode utilisée pour le calcul de la pose de la caméra 2 est celle de Grunert décrite dans [Haralick et al., 1994].

2.4.3.2 Calcul de pose incrémental

Le calcul de la géométrie épipolaire pour le premier triplet d'images permet d'initialiser un processus de calcul de pose incrémental pour les images suivantes. En effet, le nuage de points reconstruits permet de calculer la pose de la caméra suivante. Ce nuage de points est alors enrichi par de nouveaux points et la pose de la caméra est recalculée en tenant compte de ces nouveaux points.

Soient $C_1, ..C_N$ les poses des images de 1 à N déjà connues. Pour calculer la pose de la caméra C_{N+1}, on commence par apparier les points détectés dans l'image $N+1$ avec ceux détectés dans l'image N. La liste d'appariements obtenue (x_N^i, x_{N+1}^i) contient des points qui sont visibles dans l'image $N-1$, d'autres qui ne sont visibles que dans l'image N (i est le numéro du point d'intérêt). Comme leur position 3D est connue, les points visibles dans $N-1$ sont utilisés pour calculer la pose de la caméra C_{N+1}. Ensuite, une deuxième phase d'appariement entre les images N et $N+1$ est effectuée en tenant compte de la géométrie épipolaire qui vient d'être calculée. Enfin, la pose de la caméra C_{N+1} est ré-estimée avec ces nouveaux appariements et les points qui n'étaient pas visibles dans l'image $N-1$ sont triangulés en utilisant la vue N et $N+1$.

2.4.4 Optimisation de la pose de la caméra par ajustement de faisceaux

Cette étape consiste à optimiser les poses de la caméra estimées dans l'étape précédente. En effet, le calcul de pose incrémental peut provoquer une accumulation des erreurs de calcul tout au long de la séquence ce qui influence la performance de l'algorithme de reconstruction. Afin de palier ce problème, on procède à une étape d'ajustement de faisceaux qui est un processus de minimisation basé sur l'algorithme de Lvenberg-Marquard. Cet algorithme prend comme entrées les paramètres extrinsèques des caméras C_E^i précédemment calculés ainsi que les coordonnées 3D des points reconstruits X^i et minimise les erreurs de reprojection des inliers dans toutes les images. La fonction de coût utilisée est la suivante :

$$f(C_E^1, ..., C_E^N, X^1, ..., X^M) = \sum_{i=1}^{N} \sum_{j=1, j \in A_i}^{M} \left\| x_i^j - \pi(P_i X^j) \right\|^2 \qquad (2.12)$$

où $\left\| x_i^j - \pi(P_i X^j) \right\|^2$ est le carré de la distance euclidienne entre $\pi(P_i X^j)$ projection du point X^j par la caméra i, et x_i^j est le point d'intérêt correspondant. P_i est la matrice de projection 3×4 composée des paramètres extrinsèques de C_E^i et des paramètres intrinsèques de la caméra. A_i est l'ensemble des points considérés comme corrects (inliers) dans l'image i. Au début de la minimisation, cet ensemble contient les points dont l'erreur de reprojection est inférieure à 3 pixels. Ensuite, après quelques itérations, A_i est recalculé de nouveau et une minimisation pour une nouvelle série d'itérations est effectuée. Ce processus de sélection des inliers est répété jusqu'à ce que le nombre d'inliers devienne stable.

Cependant, le calcul des poses de la caméra avec l'utilisation d'un seul ajustement de faisceaux sur toute la séquence peut ne pas être efficace (ne converge pas) notamment quand la solution initiale est loin de la solution optimale à cause d'une accumulation importante des erreurs. Une solution qui s'avère nécessaire est l'ajustement de faisceaux hiérarchique [Hartley et Zisserman, 2000]. Pour cela, une longue séquence est divisée en deux sous-séquences avec une partie commune de deux images. Chaque sous-séquence est divisée, à son tour, de la même manière jusqu'à ce que toutes les sous-séquences contiennent seulement trois images. Une fois le déplacement de la caméra est calculé pour chaque triplet, chaque sous-séquence est alors optimisée indépendamment. Enfin, les sous-séquences sont fusionnées, et après chaque fusion on procède à une étape d'op-

CHAPITRE 2. MÉTHODE DE LOCALISATION PÉDESTRE PAR VISION

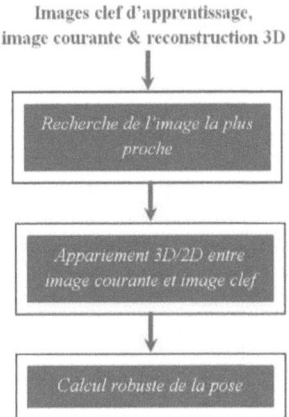

FIGURE 2.4: Algorithme de localisation

timisation par ajustement de faisceaux.

A l'issue de cet algorithme d'apprentissage, on obtient une reconstruction 3D de la scène qui comporte la pose des caméras clef ainsi que le nuage de points 3D associé avec leurs positions 2D dans les images clef. Toutes ces informations, indispensables pour la phase de localisation, sont sauvegardées dans un fichier texte formaté.

2.5 Algorithme de localisation

Une fois la cartographie de la scène est obtenue, la phase de localisation consiste à se localiser sur le même parcours traité lors de la phase d'apprentissage en exploitant les données de la mémoire visuelle. Dans cette section nous détaillons les différentes étapes de l'algorithme de localisation présentées dans la figure 2.4.

2.5.1 Recherche de l'image la plus proche

Cette étape permet de comparer l'image courante aux images clef de la séquence d'apprentissage et de sélectionner celle la plus proche. Pour des considérations de temps de calcul, la procédure de recherche de l'image la plus proche utilisée au lancement de l'algorithme de localisation (pour la première image) diffère de celle utilisée dans le reste de la séquence.

2.5.1.1 Localisation initiale

Au début de la phase de localisation, on ne connait pas encore la position de la caméra et la seule information qu'on peut exploiter c'est que le porteur de la caméra est au voisinage de la trajectoire de référence. Afin de trouver l'image la plus proche à l'image courante, on se retrouve dans l'obligation de parcourir toutes les images clef la séquence de référence. Pour cela, on détecte des points d'intérêt sur l'image courante. Ensuite, on apparie cette image avec chacune des images clef et on calcule la pose de la caméra avec RANSAC pour éliminer les faux appariements. La pose qui admet le plus grand nombre d'inliers est la meilleure estimation de la pose de la caméra pour la première image. Par conséquent, son image clef correspondante est considérée comme la plus ressemblante de l'image courante. Vu que le temps de calcul de cette localisation initiale est assez élevé pour une application temps réelle (de l'ordre de quelques secondes), cette procédure de recherche n'est appliquée qu'une seule fois au début de la séquence. Pour les images suivantes on utilise plutôt une recherche basée sur la pose de la caméra dans l'image précédente pour réduire le temps de calcul.

2.5.1.2 Localisation le long du trajet

A la différence de la localisation des robots, dans le cas de la localisation pédestre on ne peut pas s'appuyer sur un modèle de mouvement pour faire une prédiction de la pose de la caméra à l'image $I+1$. Comme le mouvement de la caméra entre deux images successives d'une séquence vidéo est négligeable, on peut supposer que la pose de la caméra dans l'image $I+1$ est identique à celle de l'image I. C'est cette hypothèse que nous utilisons pour restreindre le nombre d'images clef à considérer dans la recherche de l'image la plus proche.

Soient $F_1, ..., F_n$ les caméras correspondant aux images clef de la séquence de référence. Supposons que l'image clef utilisée pour le calcul de la pose C_I de l'image I est F_p. En première approximation, la pose approchée de la caméra à l'image $I+1$, notée C_{I+1}, est identique à C_I. Cette pose approchée est utilisée pour trouver l'image clef I_k la plus ressemblante à l'image $I+1$ de la manière suivante : on calcule la distance euclidienne entre les centres optiques de C_{I+1} et de chacune des cinq images clef autour de la position courante F_p (les cinq caméras comprises entre F_{p-2} et F_{p+2}) puis on sélectionne celle la plus proche.

2.5.2 Appariement 3D/2D entre image courante et image clef

Après avoir trouver l'image clef I_k la plus proche à l'image courante $I+1$, l'étape suivante consiste à établir la liste des appariements entre les points 2D de l'image $I+1$ et les points 3D de la carte qui sont potentiellement visible dans $I+1$. Pour cela on commence par détecter les coins de Harris sur l'image courante. Ensuite, on procède à un appariement guidé entre les points d'intérêt de $I+1$ et ceux de l'image clef I_k. En effet à partir de la pose approchée C_{I+1} de $I+1$, on obtient une matrice de projection

CHAPITRE 2. MÉTHODE DE LOCALISATION PÉDESTRE PAR VISION 33

approchée $\tilde{P}_{I+1}$ qui nous permet de calculer la position attendu de chaque point 3D de I_k dans $I+1$ en utilisant l'équation 2.5. La région de recherche du point d'intérêt correspondant à un point x_{ik} de I_k dans l'image $I+1$ est centrée autour de la position attendu de x_{ik}, notée $\tilde{x}_{ik}$ dans I_k. Tous les points situés dans cette zone de recherche sont alors appariés avec x_{ik} puis le couple avec le score maximal est retenu. A la fin de ce processus de mise en correspondance guidé, nous obtenons une liste de points 2D de $I+1$ appariés avec des points 2D de I_k dont leurs positions 3D sont accessibles dans la cartographie. D'où la notion d'appariement 2D/3D entre image courante et image clef.

2.5.3 Calcul robuste de la pose

Les correspondances entre les points 2D de l'image courante et les points 3D de la carte obtenu à l'issue de l'étape précédente permettent de calculer la pose de la caméra C_{I+1}. Dans ce qui suit nous détaillons la méthode de calcul employée qui consiste, dans un premier temps, de calculer une pose initiale puis, dans un second temps, d'affiner cette pose itérativement.

2.5.3.1 Calcul d'une pose approximative

Afin de calculer une pose initiale de la caméra nous optons pour la méthode de Grunert [Grunert, 1841],que nous avons utilisée dans l'algorithme de reconstruction de la scène, associée avec la méthode de RANSAC. Cette méthode nécessite au moins trois appariements 3D/2D pour calculer la pose de la caméra. L'algorithme de RANSAC permet de choisir aléatoirement des échantillons de trois appariements 3D/2D. Ensuite, la pose correspondante à chaque échantillon est calculée avec la méthode de Grunert. Parmi les solutions obtenues, on ne garde que celle qui admet le plus grand nombre d'appariements cohérents (inliers) avec la pose calculée. Un appariement est considéré comme inlier si son erreur de reprojection est inférieure à un certain seuil (2 pixels). Cependant, cette pose reste approximative vu qu'elle est estimée à partir de trois appariements seulement. Pour affiner cette solution il faut donc procéder à une étape d'optimisation.

2.5.3.2 Optimisation

Pour rendre la pose approximative de la caméra plus précise, nous utilisons une méthode de minimisation itérative basée sur l'approche de Araújo et al [Araújo et al., 1998]. Elle consiste à minimiser l'erreur de reprojection de tous les appariements corrects en utilisant la méthode du second ordre de Newton-Raphson. Soit ϵ le vecteur composé des erreurs de reprojection des n points dans l'image :

$$\epsilon = \begin{pmatrix} \vdots \\ x^j - PX^j \\ x^n - PX^n \end{pmatrix} \qquad (2.13)$$

où x^j est la projection du point j dans l'image après correction de la distorsion, X^j sa position 3D dans le repère monde et P est la matrice de projection de la caméra.

Soit δ le vecteur composé des corrections à soustraire des paramètres de la pose. Pour calculer δ, on résout, à chaque itération, le système linéaire suivant :

$$J\delta = \epsilon \qquad (2.14)$$

où J est la matrice Jacobienne de l'erreur. Le calcul explicite de ses coefficients est décrit dans [Araújo et al., 1998]. On note que dans notre algorithme, les points utilisés dans le processus de minimisation sont recalculés à chaque itération. Seuls les appariements corrects interviennent dans la résolution de l'équation 2.14 pour l'itération en cours.

Cet algorithme de localisation est lancé à chaque nouvelle image en provenance du flux vidéo de la caméra jusqu'à ce que la fin de la trajectoire de référence soit atteinte. Il fournit la position de la caméra sur la trajectoire de référence (carte 3D) ainsi que son orientation comme le montre la figure 2.5.

2.6 Evaluation et analyse pour le cas de la navigation pédestre

Notre prototype expérimental comporte un PC portable (Intel Core 2 Duo 2.66GHz et 4096MB de RAM) et une caméra AVT GUPPY F-033C équipée d'un objectif de 3.5mm. Les paramètres intrinsèques de la caméra sont connus puisque elle a été préalablement calibrée. Les images sont acquises avec une résolution de 320×240 sous une cadence de 25 images par seconde. Notre algorithme est capable de traiter jusqu'à 4 FPS. Cette cadence est suffisante pour assurer la localisation pédestre en temps réel. Notre approche a été testée hors ligne en rejouant la même séquence d'apprentissage. La trajectoire de référence ainsi qu'un exemple d'affichage de la pose de la caméra sont représentés dans la figure 2.5. Elle est constituée de 58 images clefs et de 4566 points reconstruits. La localisation dans ce cas, avec la même séquence d'apprentissage, est parfaite (pas de décrochages par rapport à la trajectoire de référence).

CHAPITRE 2. MÉTHODE DE LOCALISATION PÉDESTRE PAR VISION   35

FIGURE 2.5: En Vue de dessus : reconstruction 3D de l'environnement (points jaunes), positions successives mémorisées de la trajectoire de référence (carrés rouges) et calcul de la pose et direction instantanées (carré et ligne verts)

Nous avons testé aussi la sensibilité de notre algorithme aux occultations et aux changements qui peuvent survenir sur la scène. Pour une séquence « seq_hall » constituée de 921 images, en présence de personnes dans la scène, la position de la caméra courante reste toujours raccrochée à la trajectoire de référence comme le montre la figure 2.6.

FIGURE 2.6: Exemple de localisation avec occultation partielle de la scène. Le carré bleu représente la position de la caméra et la ligne bleue représente son orientation.

CHAPITRE 2. MÉTHODE DE LOCALISATION PÉDESTRE PAR VISION

Notre méthode a été testée également en ligne. La trajectoire de référence de la séquence utilisée « seq_lab » est représentée dans la figure 2.7. Elle est constituée de 37 images clefs et de 2291 points reconstruits. Durant le parcours de la trajectoire de référence en ligne, 142 images du flux vidéo ont été traitées. Toutes les images ont permis une localisation par rapport à la trajectoire référence dont 120 images sont bien localisées et 22 images ont été localisées avec une pose un peu éloignée de la trajectoire de référence. Ceci est dû aux mouvements rapides et brusques de la caméra, qui influencent beaucoup l'étape de la mise en correspondance des primitives, ou être lié aux déviations à la trajectoire réelle par rapport à celle de référence (on ne peut pas parcourir exactement la même trajectoire de la séquence d'apprentissage).

FIGURE 2.7: Reconstruction 3D d'une scène acquise dans les locaux de notre laboratoire

Les simulations réalisées montrent, lors de mouvements violents de grande amplitude de la caméra, que l'étape de mise en correspondance échoue ce qui entraîne des décrochages dans le calcul de pose instantanée vis-à-vis de la trajectoire de référence. Afin de mieux étudier ce problème nous avons mené une étude comparative des algorithmes de mise en correspondance les plus référencés dans la littérature [Elloumi et al., 2010].

2.7 Comparaison et évaluation des méthodes de mise en correspondances

Dans cette section, nous présentons une comparaison des performances d'algorithmes d'appariement bien connus dans la littérature : SIFT [Lowe, 2004], SURF [Bay et al.,

CHAPITRE 2. MÉTHODE DE LOCALISATION PÉDESTRE PAR VISION

2006], la corrélation croisée associée au détecteur des coins de Harris [Harris et Stephens, 1988] et la corrélation croisée associée au détecteur de SURF (Fast-Hessian). Ces algorithmes sont évalués selon les critères suivants : l'efficacité, la robustesse et le temps de calcul. La comparaison est basée sur des séquences vidéo qui présentent différents mouvements : rotation, translation ou encore un mouvement combiné (rotation+translation).

2.7.1 Prototype expérimental

Afin de simuler différents mouvements de la caméra, nous avons utilisé un prototype expérimental composé d'une caméra USB (avec une résolution 320 × 240 pixels) fixée sur la pince d'un bras robot ayant 6 degrés de liberté (6DOF), les deux sont reliés à un ordinateur. La figure 2.8 montre le bras robot utilisé dans notre prototype expérimental. Ce dernier peut être commandé manuellement par son contrôleur distant comme il peut être contrôlé automatiquement en programmant les actions désirées. De plus, sa vitesse est réglable ce qui permet de simuler des mouvements brusques. La caméra a été préalablement calibrée afin d'estimer ses paramètres intrinsèques. Ce prototype nous a permis de filmer la scène avec différents mouvements de la caméra y compris les rotations, les translations ou même les mouvements combinés.

FIGURE 2.8: Bras robot utilisé dans notre prototype expérimental

Les données de tests consistent en neuf séquences vidéo acquises sous une cadence de 30 images par seconde dans une scène réelle qui présente des changements de luminosité. Ils comportent essentiellement trois types de mouvements : la rotation, la translation dans la direction de la visée de la caméra pour simuler un effet de zoom (changement d'échelle) et un mouvement combiné (rotation + translation) qui sont les mouvements qui perturbent le plus le processus de mise en correspondance. Le tableau 2.1 présente plus de détails sur les séquences vidéo liées aux trois types de mouvements notamment sur le nombre d'images et la translation ou l'angle de rotation par image. Chacun de ces mouvements a été filmé avec trois vitesses différentes (lente, moyenne et rapide). De plus, pour simuler les mouvements brusques ou encore les transformations importantes, nous avons introduit un paramètre qui fixe le nombre d'images à sauter afin d'apparier des images distantes d'une même séquence avec un saut d'images régulier.

Mouvement	Nom de la séquence	Nombre d'image	Distance/Angle par image
	Translation_v25	90	15.22 mm
Translation	Translation_v50	49	27.96 mm
	Translation_v100	32	42.81 mm
	Rotation180_v25	55	3.39 °
Rotation	Rotation180_v50	24	8.18 °
	Rotation180_v100	11	20°
	Combiné_v25	47	8.51 mm et 4 °
Combiné	Combiné_v50	27	14.81 mm et 7.2 °
	Combiné_v100	14	28.57 mm et 15 °

Tableau 2.1: Les données d'évaluation des trois descripteurs

Notre comparaison concerne principalement deux critères à savoir la robustesse et le temps de calcul. Les mesures les plus utilisées pour la robustesse sont les courbes ROC (*Receiver Operating Characteristic*) et les courbes rappel-précision (*recall-precision*). Ces deux mesures sont basées sur le nombre d'appariements corrects et le nombre de faux appariements (*outliers*) obtenus pour une paire d'images. Nous avons choisi comme mesures de performance le nombre des appariements corrects (*inliers*) ainsi que le pourcentage des inliers par rapport au nombre total de correspondances (les inliers et les outliers), donné par l'équation suivante :

$$\% inliers = \frac{\# inliers}{\# inliers + \# outliers} \qquad (2.15)$$

Le nombre des inliers et des outliers est déterminé avec l'algorithme LMedS (en anglais *Least Median of Squares*) [Zhang, 1998]. C'est une technique robuste qui permet d'estimer la matrice fondamentale et de détecter les faux appariements de l'ensemble des points appariés en résolvant le problème de minimisation non linéaire suivant :

$$\min_{F} median(r_i(F))^2 \qquad (2.16)$$

où $r_i(F)$ est le résidu de la correspondance (m_i, m'_i), c'est à dire la différence entre les valeurs mesurées (les points) et les valeurs estimées (les droites épipolaires).

A chaque itération, cet algorithme calcule la matrice fondamentale F_j à partir de 7 correspondances sélectionnées aléatoirement. Ensuite, il calcule la médiane Med_j des carrés des résidus selon l'expression suivante :

CHAPITRE 2. MÉTHODE DE LOCALISATION PÉDESTRE PAR VISION   39

$$\underset{i=1,...,n}{median} \left(d^2 \left(m'_i, F_j m_i \right) + d^2 \left(m_i, F_j^T m'_i \right) \right) \tag{2.17}$$

La matrice fondamentale retenue est celle qui engendre la plus petite médiane possible des carrés des résidus. Dans notre implémentation, un point ne peut intervenir dans le calcul de la matrice fondamentale que si sa distance à la droite épipolaire ne dépasse pas 1 pixel. Le nombre d'itération k est lié avec la probabilité P d'avoir au moins un tirage ne comportant que des correspondances correctes.

$$p = 1 - \left(1 - (1 - \epsilon)^s\right)^k \tag{2.18}$$

où ϵ est la proportion de faux appariements et s le nombre d'appariements qui constituent un tirage (7 pour cet algorithme). Cette probabilité P est fixée à 99% dans notre implémentation. Le nombre de tirage k est alors donné par :

$$k = \frac{\ln(1-P)}{\ln\left(1 - (1-\epsilon)^7\right)} \tag{2.19}$$

Les différentes étapes de notre algorithme de comparaison sont résumées dans l'algorithme 2.1.

Algorithm 2.1 Comparaison des méthodes de mise en correspondance sur des séquences vidéo
---
1. Fixer le nombre d'images à sauter entre les deux images à mettre en correspondance (la première image est toujours choisie).

2. Extraire les primitives dans les 2 images sélectionnées et les mettre en correspondance avec chacun des 3 descripteurs.

3. Calculer la matrice fondamentale et déduire le nombre des inliers en utilisant l'algorithme LMedS.

4. Comparer leur performance ainsi que leur temps de calcul.

2.7.2 Résultats

Les résultats de comparaison des différents descripteurs seront présentés comme suit : pour chacun des trois mouvements de la caméra et pour chacune des trois vitesses du bras robot, nous comparons la variation du pourcentage moyen des inliers (sur toute la séquence) en fonction du paramètre du nombre d'images à sauter choisi (distance/angle parcouru entre deux images successives). La même présentation est utilisée aussi dans la comparaison du nombre des inliers moyen. Un tableau comparatif des temps de calcul des différents descripteurs sera présenté à la fin de cette section.

2.7.2.1 Rotation

Afin d'éviter le cas dégénéré d'une rotation pure, la caméra est placée à côté de l'axe de rotation de la pince du bras robot. L'angle de rotation entre la première et la dernière image des 3 séquences de rotation est de 180°. En faisant varier le paramètre du nombre d'images à sauter, nous arrivons à simuler des rotations comprises entre 7° et 120° selon l'opérateur utilisé et la vitesse du bras de robot.

La figure 2.9 montre que le descripteur SIFT est le plus robuste à une transformation de rotation suivi de SURF. Ce dernier échoue en cas d'une rotation rapide (figures 2.9e et 2.9f). On remarque aussi que les mouvements de rotation influencent la performance du descripteur basé sur le détecteur des coins de Harris plus que la performance des descripteurs basés sur le détecteur de SURF.

L'augmentation de la vitesse de rotation a un grand impact sur le nombre des inliers trouvés avec les différents descripteurs. Les figures 2.9b, 2.9d et 2.9f montrent que le nombre moyen des appariements corrects diminuent nettement d'une vitesse à une autre plus rapide. Cette diminution est plus considérable si l'on compare la séquence acquise avec une vitesse lente (figure2.9b) avec celle acquise avec une vitesse rapide (figure 2.9f). Les descripteurs utilisant le détecteur de SURF sont les plus touchés par cette variation de vitesse.

2.7.2.2 Changement d'échelle

Pour évaluer l'influence d'une transformation de changement d'échelle sur la performance des descripteurs comparés, nous avons simulé cette transformation par une translation de la caméra suivant la direction de sa visée. La distance parcourue entre la position initiale de la caméra et sa position finale est égale à 1370 mm.

Comme le montre la figure 2.10, tous les descripteurs ont une performance similaire. On remarque que le pourcentage des inliers obtenu par SURF est légèrement mieux que celui obtenu par la corrélation croisée (avec le détecteur des coins de Harris ou avec celui de SURF). Cependant, SURF possède le nombre d'inliers le plus faible et ce pour toutes les vitesses du bras robot (figures 2.10b, 2.10d et 2.10f). Ceci peut être expliqué par le fait que le nombre total de correspondances (inliers et outliers) trouvé par SURF est inférieur à ceux trouvés par les autres descripteurs. Nous observons que, dans le cas de changement d'échelle, les performances de tous les descripteurs sont bien meilleures que celles obtenues dans le cas d'un mouvement de rotation. Le nombre d'inliers diminue aussi lorsque l'on augmente la vitesse, mais reste beaucoup moins considérable que dans le cas de la rotation.

2.7.2.3 Mouvement combiné

Après avoir évalué les descripteurs pour les transformations de rotation et de changement d'échelle, nous les comparons pour des transformations combinées. Pour cela,

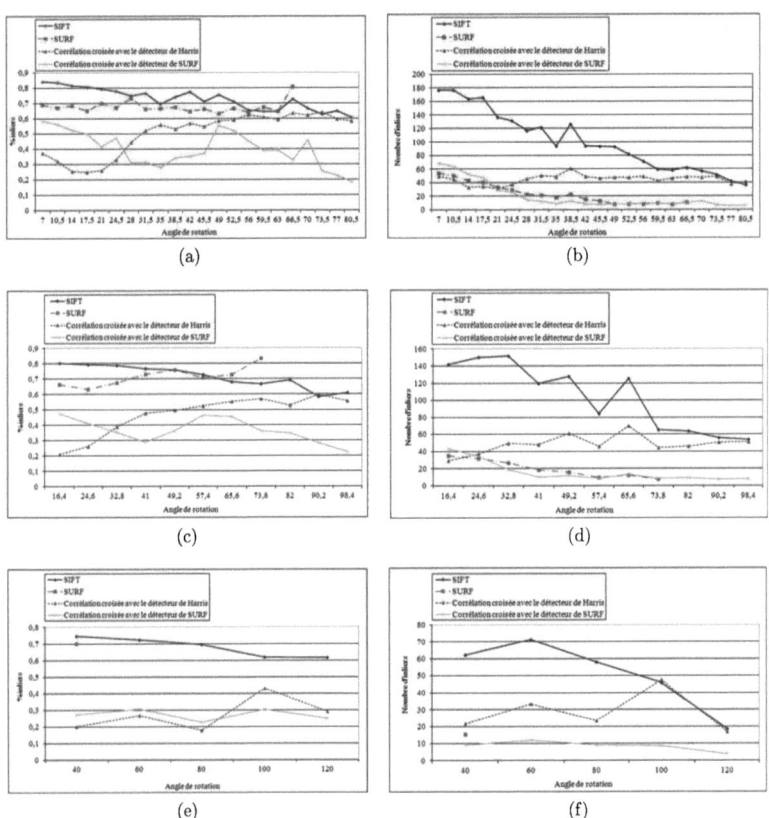

FIGURE 2.9: Evaluation des descripteurs à une transforamtion de rotation : (a), (b) représentent respectivement la variation du pourcentage moyen des inliers et la variation du nombre moyen des inliers en fonction de l'angle de rotation pour la séquence Rotation180_v25, (c), (d) correspondent à la séquence Rotation180_v50 et (e), (f) correspondent à la séquence Rotation180_v100.

CHAPITRE 2. MÉTHODE DE LOCALISATION PÉDESTRE PAR VISION

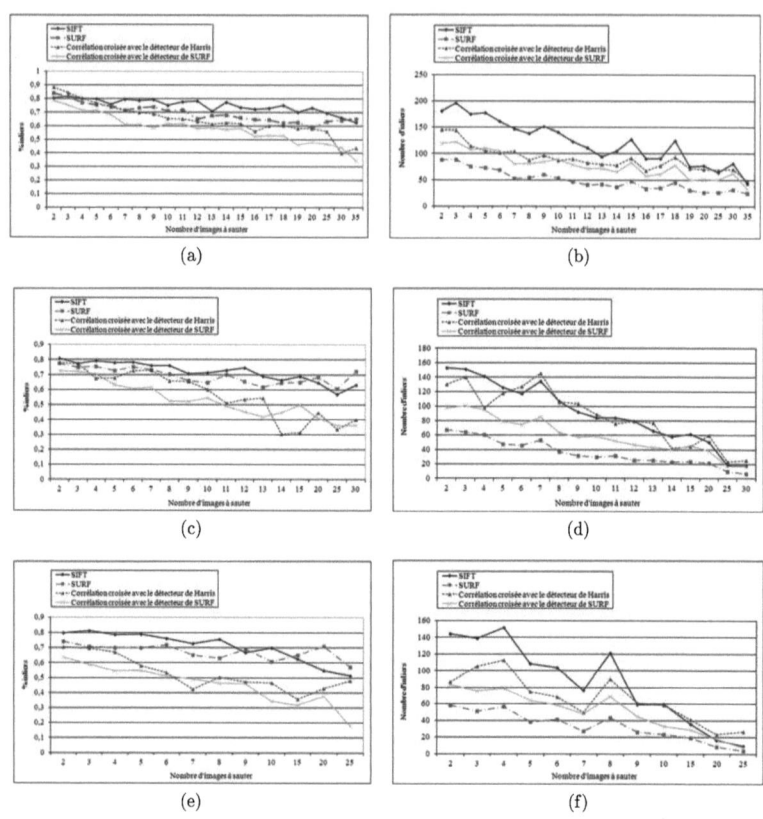

FIGURE 2.10: Evaluation des descripteurs à une transforamtion de changement d'échelle : (a), (b) représentent respectivement la variation du pourcentage moyen des inliers et la variation du nombre moyen des inliers en fonction de la distance parcourue pour la séquence Translation _v25, (c), (d) correspondent à la séquence Translation _v50 et (e), (f) correspondent à la séquence Translation _v100.

nous avons appliqué au bras robot un mouvement composé d'une rotation et d'une translation simultanées. La translation est de 1370 mm et la rotation est de 180°. Ce genre de mouvement est le plus perturbant au processus de mise en correspondance c'est pour cela que la performance de tous les descripteurs a diminué par rapport aux mouvements précédents. Les résultats montrent que les descripteurs basés sur la corrélation croisée sont les plus perturbés par cette transformation et que SIFT est le plus robuste (figure 2.11). La figure 2.11a montre que SURF donne des résultats meilleurs que les descripteurs basés sur la corrélation croisée dans le cas d'une faible vitesse (25%). Cependant, il échoue si l'on augmente beaucoup l'angle de rotation entre deux images successives (nombre d'images à sauter) ou encore la vitesse (figures 2.11e et 2.11f).

2.7.2.4 Performance en temps de calcul

Les quatre méthodes de mise en correspondance ont été codées en C++ avec un PC doté d'un processeur Intel (R) Core (TM) 2 Duo 3 GHz et de 2 Go de RAM. Le tableau 2.2 présente les temps de calcul enregistrés pour ces différents descripteurs testés sur trois séquences vidéo (un exemple de chaque type de transformation). Le nombre d'images de chaque séquence est donné dans le tableau 2.1. Nous pouvons noter que les descripteurs basés sur la corrélation croisée sont les plus rapides suivis par SURF. Cependant, bien que SIFT soit le plus robuste aux différentes transformations, il est considérablement plus lent par rapport aux autres méthodes.

Nom de la séquence	SIFT			SURF			Corrélation croisée avec Harris			Corrélation croisée avec SURF		
	Min	Max	Moy	Min	Max	Moy	Min	Max	Moy	Min	Max	Moy
Translation_v25	1382	2065	1724	778	1411	1064	646	1817	918	718	1818	944
Rotation180_v50	1433	2302	1706	610	1503	853	591	1229	888	564	1307	792
Combiné_v100	1279	2354	1782	530	1732	886	604	1389	850	545	1327	814

Tableau 2.2: Comparaison du temps de calcul des différents descripteurs (en milliseconde)

2.8 Conclusion

Nous avons réussi à s'inspirer de l'approche proposée par [Royer et al., 2006] en robotique mobile pour créer notre propre système de localisation avec les deux phases (apprentissage et localisation) décrites dans ce chapitre. Son grand avantage est de s'affranchir totalement d'un aménagement des espaces publics. Elle présente aussi de sérieux atouts par rapport aux actuels récepteurs GPS : plus précise, elle est efficace aussi bien en extérieur qu'en intérieur et délivre en plus de la position, la direction de cheminement (par le calcul de pose de la caméra, on récupère les 6 degrés de liberté,

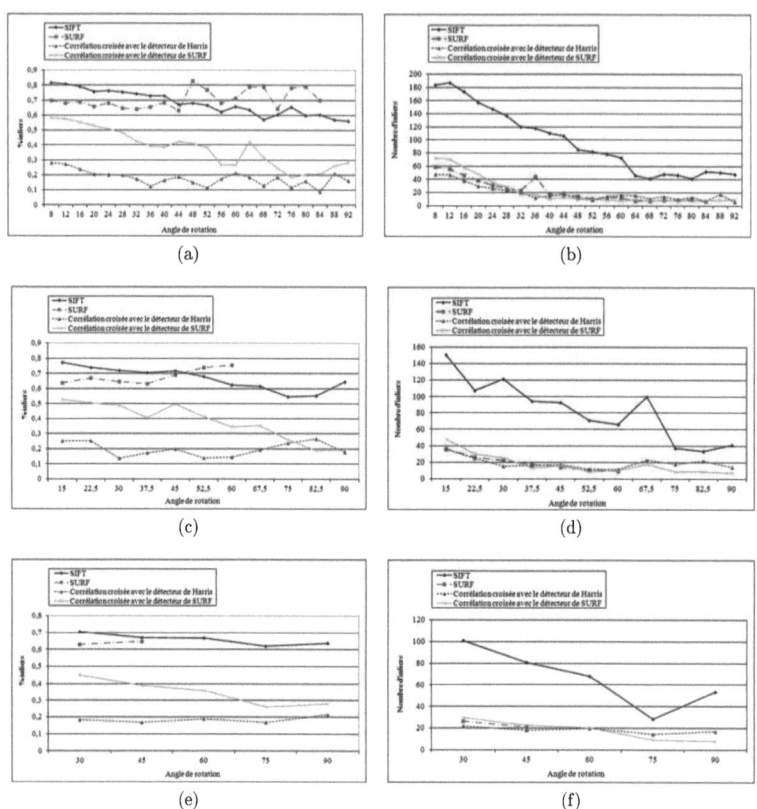

FIGURE 2.11: Evaluation des descripteurs à une transforamtion composée d'une rotation et d'un changement d'échelle simultanés : (a), (b) représentent respectivement la variation du pourcentage moyen des inliers et la variation du nombre moyen des inliers en fonction de l'angle de rotation pour la séquence Combiné_v25, (c), (d) correspondent à la séquence Combiné_v50 et (e), (f) correspondent à la séquence Combiné_v100.

dont l'axe visé). Tout au long du trajet, nous avons ainsi accès en continu à la position et à l'orientation instantanées du porteur de la caméra par rapport à l'itinéraire de référence ce qui facilite son guidage.

Cependant, les tests menés sur cet algorithme montrent que son point critique réside dans l'étape de mise en correspondance. En effet, lors de mouvements violents de grande amplitude de la caméra, l'étape de mise en correspondance échoue ce qui entraîne des décrochages dans le calcul de pose instantanée vis-à-vis de la trajectoire de référence.

Afin de bien étudier cette faiblesse, nous avons mené une étude comparative de différentes méthodes de mise en correspondance sur des séquences qui présentent différentes transformations géométriques. Comme nous l'avons vu, cette étude montre des décrochages certains dans des séquences vidéo avec des mouvements brusques même pour les meilleurs algorithmes de mise en correspondance de la littérature [Elloumi et al., 2010]. C'est un problème difficile et récurrent dans de nombreuses applications de la vision artificielle. C'est pour cela que nous avons décidé de plus focaliser notre contribution sur cette étape afin de rendre notre système de localisation plus robuste et précis.

Pour surmonter ce problème, nous avons identifié deux pistes envisageables : la première consiste à associer une micro centrale inertielle à la caméra pour combiner les données en provenance des deux capteurs et estimer de façon robuste et rapide la position de l'utilisateur. Une deuxième piste consiste à utiliser des primitives autres que les coins de Harris, permettant de s'affranchir du problème de mise en correspondance, comme par exemple les points de fuite.

Nous avons opté pour la deuxième solution comme elle est plus simple à mettre en œuvre. Afin de bien étudier cette solution, le chapitre suivant présente une étude bibliographique des méthodes de détection des points de fuite.

Chapitre 3

Les points de fuite

3.1 Introduction

La projection en perspective des lignes parallèles, observées dans l'espace monde, se traduit dans l'image par des faisceaux de droites qui concourent sur des points particuliers appelés points de fuite. Les lignes associées à un point de fuite sont appelées lignes de fuite. Leur direction peut être obtenue par le vecteur qui relit le centre optique de la caméra à leur point de fuite. Un point de fuite peut alors être fini ou infini selon qu'il soit à l'intérieur de l'image ou rejeté à l'infini. En effet, dans le cas où le plan image se trouve aligné avec au moins une direction de l'espace 3D, les droites parallèles de cette direction ne donnent pas un point d'intersection et leur point de fuite, dit infini, sera représenté par leur direction. Donc, à chaque point de fuite est associée une direction 3D dans l'espace monde. Cette propriété des points de fuite est exploitée dans le domaine de la vision par ordinateur pour extraire des informations concernant la prise de vue de l'image ou bien encore l'orientation de la caméra et/ou sa position surtout dans les scènes structurées qui contiennent des objets fabriqués par l'Homme comme les bâtiments. Du coup, ces primitives peuvent être exploitées aussi, dans notre cas, pour estimer une pose approchée du porteur de la caméra le long d'une trajectoire de référence.

Dans ce chapitre, nous allons étudier en détails les points de fuite ainsi que leurs méthodes d'extraction afin de bien les exploiter dans notre problématique. Ce chapitre dresse une étude bibliographique détaillée des méthodes de détection des points de fuite. Comme la littérature est très abondante sur ce sujet, la section 3.2 propose une classification de ces approches selon différents critères, notamment, le domaine de travail, les primitives image utilisées, le type de l'approche et le nombre de points de fuite. Ensuite, la section 3.3 présentera un panorama d'applications des points de fuite.

3.2 Etat de l'art de la détection des points de fuite

La littérature sur l'estimation des points de fuite dans les images est très riche. La majorité des méthodes proposées se composent essentiellement de trois étapes à savoir : extraction des primitives image, estimation des points de fuite et enfin extraction des paramètres de la caméra. En revanche, les choix méthodologiques effectués au sein de chaque étape diffèrent d'une approche à une autre. La figure 3.1 présente le schéma global d'un algorithme d'extraction des points de fuite pour l'estimation des paramètres de la caméra.

Dans les sous-sections suivantes nous présentons les méthodes les plus pertinentes tout en les classifiant selon différents critères qui touchent soit la définition de l'espace de travail, le type de données utilisées en entrée (les primitives de l'image), la stratégie utilisée (type de l'approche) ou encore le nombre de points de fuite détectés.

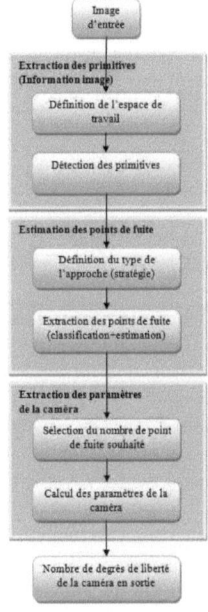

FIGURE 3.1: Les étapes du processus d'estimation des points de fuite pour l'extraction des paramètres de la caméra

CHAPITRE 3. LES POINTS DE FUITE   48

3.2.1 Domaine de travail

En se référant à la littérature, le premier critère de classification des algorithmes d'extraction des points de fuite est le domaine de travail. Cet espace de recherche doit garantir un paramétrage adéquat des lignes et des points de fuite pour avoir une détection fiable et précise même dans les cas critiques comme celles des points de fuite infinis. Cinq espaces de recherche ont été jusqu'à présent utilisés dans la littérature : l'espace image, la sphère de Gauss, l'espace du plan projectif, l'espace polaire et l'espace de Tuytelaars [Tuytelaars et al., 1998]. Cette diversité, dans les domaines de travail, peut être justifiée par le fait que les points de fuite peuvent être décrits de différentes manières. D'une part, ils représentent des entités d'une image 2D. D'autre part, ils correspondent à des directions 3D de l'espace monde.

3.2.1.1 Espace image

Certains auteurs ont choisi de travailler directement sur l'espace initial des données en entrée qui est l'espace 2D de l'image [Caprile et Torre, 1990], [McLean et Koyyuri, 1995], [Sekita, 1994] ou plus récemment [Mingawa et al., 2000], [Cantoni et al., 2001], [Rother, 2000], [Almansa et al., 2003], [Suttorp et Bucher, 2006], [Hu et al., 2006], [Micusik et al., 2008], [Tardif, 2009], [Barinova et al., 2010b], [Saurer et al., 2010], [Kalantari et al., 2009] et [Mirzaei et Roumeliotis, 2011a].

Dans cet espace de travail, on peut distinguer deux catégories d'algorithmes. La première catégorie est basée sur l'intersection des segments de l'image alors que la deuxième catégorie est basée sur des méthodes mathématiques poussées de regroupement comme les méthodes analytiques, les modèles probabilistes, etc.

Dans la première famille, il existe des travaux qui se contentent de détecter les points de fuite à l'intérieur de l'image. Par exemple, [Cantoni et al., 2001] proposent deux techniques de détection de points de fuite, une statistique et la seconde basée sur une analyse déterministe, mais qui ne sont opérationnelles qu'à l'intérieur de l'image (points finis). De même pour la méthode de Suttorp et Bücher [Suttorp et Bucher, 2006] qui permet de détecter un seul point de fuite fini dans des images de scènes routières et qui semble satisfaire à leur cas d'application. Bien que simple à mettre en œuvre, ces algorithmes ne sont valables que pour un nombre limité d'applications vu qu'ils ne traitent pas le cas des points de fuite infinis. D'autres auteurs, en se basant toujours sur l'intersection des segments de l'image, détectent les points de fuite à l'intérieur et en dehors de l'image. La méthode proposée par Rother [Rother, 2000] consiste à accumuler l'intersection de tous les segments deux par deux dans l'espace illimité de l'image. Ensuite, il procède à une étape de recherche des 3 points de fuite qui respectent l'orthogonalité mutuelle entre les directions de la scène par vote majoritaire. Les travaux de Micusik et al [Micusik et al., 2008] et Saurer et al [Saurer et al., 2010] utilisent l'algorithme itératif de RANSAC (*RANdom SAmple Consensus*) pour calculer l'intersection des segments de droite dans l'image (points de fuite candidats). Les trois points de fuite qui respectent le plus la contrainte d'orthogonalité sont sélectionnés et leurs positions sont ensuite raffinées. Ces approches ont l'avantage d'être simples puisqu'ils ne nécessitent ni une projection dans un autre espace ni des modèles mathématiques complexes. En revanche, leur inconvénient principal est la manière dont ils traitent les points de fuite infinis pour lesquels l'intersection des lignes est mal définie.

Afin de s'affranchir des défauts des méthodes citées dans la première famille, d'autres auteurs ont proposé leurs propres modèles de regroupement de primitives. Mingawa et al [Mingawa et al., 2000], se sont servis des travaux de Sekita [Sekita, 1994] et McLean et Kotturi [McLean et Koyyuri, 1995] pour présenter une méthode basée sur un modèle de mélange gaussien bidimensionnel (modèle de bruit observée pour les points caractéristiques). Ils utilisent l'algorithme EM (*Expectation Maximisation*) pour la détection des points et des lignes de fuite. Hu et al [Hu et al., 2006] ont introduit le concept de « l'enveloppe de fuite », dérivé d'un modèle d'erreur du contour, pour analyser quantitativement la stabilité et la précision de l'estimation des points de fuite. Almansa et al [Almansa et al., 2003] utilisent le principe de l'algorithme d'Helmotz dans les deux étapes de détection et de regroupement des lignes de fuite. Bien qu'elle ne nécessite aucune information *a priori*, cette méthode utilise des modèles probabilistes complexes. Plus récemment, de nombreux travaux de cette catégorie étaient présentés : Tardif [Tardif, 2009] a proposé une approche non-itérative basée sur un algorithme similaire à RANSAC nommé *J-Linkage*. Barinova et al [Barinova et al., 2010b] se servent d'un modèle d'inférence pour l'estimation des points de fuite avec la position de la ligne d'horizon et du zénith dans l'image. Ou encore la méthode analytique de Mirazei et Roumeliotis [Mirzaei et Roumeliotis, 2011a], cette dernière considère l'estimation optimal des trois points de fuite orthogonaux comme un problème de minimisation aux moindres carrés. Elle utilise un estimateur de points de fuite non-itératif qui ne demande aucune initialisation et l'algorithme de RANSAC pour la classification des lignes. Une méthode qui mérite aussi d'être citée est celle de Kalantari et al [Kalantari et al., 2009] qui s'appuient sur un théorème de géométrie projective de Chasles-Steiner pour modéliser le problème de détection des points de fuite autrement : au lieu de détecter les points de fuite à l'aide des segments de droites et de leur incertitude, ils associent un point à chaque segment puis ils exploitent le nuage de points obtenu pour extraire des cercles qui correspondent aux points de fuite de l'image.

3.2.1.2 Espace de la sphère de Gauss

Introduit en 1983 par Barnard [Barnard, 1983], la recherche des points de fuite dans la sphère de Gauss consiste à projeter le plan image, qui est un espace infini, dans l'espace fini de la sphère ce qui permet de traiter les points finis et infinis de la même manière. Pour cela une sphère unité, centrée sur l'origine du repère caméra, est utilisée. Les droites parallèles observées dans le repère caméra sont représentées par des segments de droite dans le repère image (figure 3.2). Chaque segment de droite de l'image forme avec le centre optique de la caméra un plan nommé plan d'interprétation. Ce plan coupe la sphère gaussienne en un cercle appelé grand cercle. Par conséquent, la projection des lignes parallèles de l'espace image dans la sphère correspond à des cercles qui se coupent en deux points. La droite passant par ces deux points perce le plan image en un seul point qui est le point de fuite. Or, dans cet espace, un point de fuite est traité comme une direction 3D et non pas comme un point 2D dans l'image. Ainsi, le point de fuite est défini par le vecteur qui joint le centre optique de la caméra au point d'intersection des cercles sur la sphère et qui perce le plan image sur le point de fuite. Une fois les segments de droites projetés sur la sphère, l'étape suivante consiste à détecter les intersections des grands cercles pour extraire les points de fuite. Comme ces grands cercles n'ont pas des intersections parfaites (ce sont plutôt des zones d'intersection), il n'est pas évident de les localiser. C'est ainsi que plusieurs travaux utilisent les méthodes d'accumulation comme celui de Barnard [Barnard, 1983], Magge et Aggarwal [Magee et Aggarwal, 1984], Lutton et al [Lutton et al., 1994], Quan et Mohr [Quan et Mohr, 1989], Brillault-O'Mahony [Brillault-O'Mahony, 1991], Lee et al [Lee et al., 2002], Shufelt [Shufelt, 1999], Boulanger et al [Boulanger et al., 2006] ou encore celui de Bazin et al [Bazin et al., 2010]. Ces approches considèrent la sphère comme un espace d'accumulation discrétisé, sur lequel les grands cercles sont accumulés, et détectent les cellules ayant les valeurs élevées (qui représentent l'intersection d'un grand nombre de grands cercles). La précision de ces méthodes d'accumulation dépend de la manière dont la sphère est subdivisée. C'est pour cela que plusieurs subdivisions de la sphère gaussienne ont été proposées :

- Subdivision régulière : Comme son nom l'indique, cette méthode consiste à discrétiser la sphère, régulièrement, selon ses paramètres de colatitude φ et de longitude θ ce qui engendre des accumulateurs d'aires différentes comme nous pouvons l'observer sur la figure (figure 3.3.a). Ce type de subdivision est abordé par Lutton et al [Lutton et al., 1994] et Lee et al [Lee et al., 2002]. Son inconvénient principal est le manque de précision surtout lorsque le point de fuite à détecter est éloigné du centre de l'image.
- Subdivision adaptative : Elle consiste à discrétiser un nombre de fois supérieur au niveau des grands cercles afin d'avoir une résolution satisfaisante qui permette de résoudre le problème de perte de précision rencontré dans la subdivision régulière. Cette discrétisation a été proposée par Lee et al [Lee et al., 2002], elle utilise des structures de données hiérarchiques assez lourdes à manipuler surtout dans le cas de l'accumulation d'un grand nombre de cercles.
- Subdivision hiérarchique : Proposée par Quan et Mohr [Quan et Mohr, 1989], cette approche permet de discrétiser la sphère à partir d'une résolution grossière à une résolution plus fine en utilisant une transformée de Hough hiérarchique. L'inconvénient majeur de cette méthode est la faible précision pour les points de fuite infinis due à l'utilisation de grilles régulières.
- Subdivision semi-régulière : Une autre méthode qui a été proposée par Lutton et al [Lutton et al., 1994] comme solution à la perte de précision, est la subdivision semi-régulière. Elle permet une quantification irrégulière de φ qui change pour chaque θ dont la quantification est régulière. Cependant, la discrétisation régulière

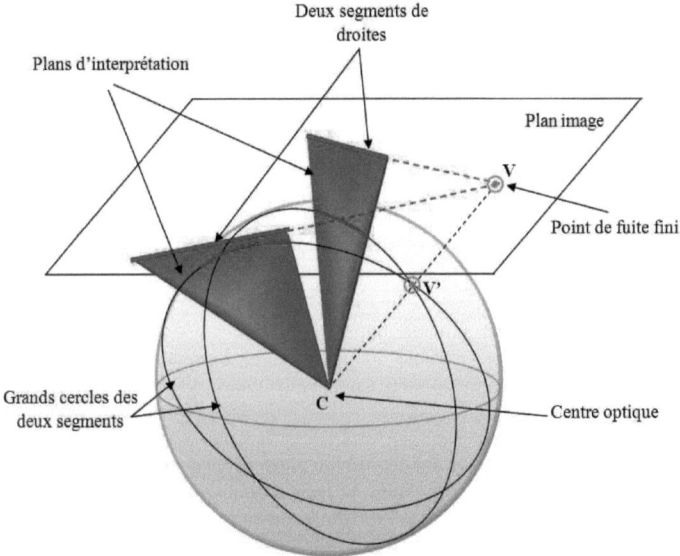

FIGURE 3.2: Illustration du domaine de travail de la sphère de Gauss

CHAPITRE 3. LES POINTS DE FUITE

de θ présente un inconvénient, surtout pour les points de fuite finis, puisque la précision de la distance des points de fuite par rapport au centre de l'image diminue quand la distance augmente. Boulanger et al [Boulanger et al., 2006] ont utilisé une méthode inspirée de la précédente sauf que les subdivisions régulières et irrégulières sont inversées (figure 3.3.b). La quantification régulière de φ permet d'avoir une précision de la direction constante tandis que la subdivision irrégulière de θ permet de s'affranchir du manque de la précision de la distance des points de fuite par rapport au centre de l'image.

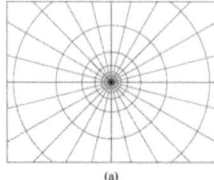 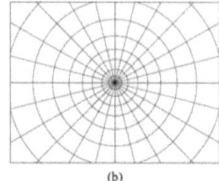

(a)   (b)

FIGURE 3.3: Illustration de la subdivision de la sphère d'après [Boulanger et al., 2006] : (a) subdivision régulière, (b) subdivision semi-régulière (quantification régulière de φ, quantification irrégulière de θ)

Bien que certains aient proposé une amélioration du temps de calcul, comme la méthode de [Boulanger et al., 2006] qui se contente d'un seul hémisphère au lieu de toute la sphère, les approches basées sur des stratégies d'accumulation sur la sphère de Gauss sont souvent coûteuses et nécessitent une discrétisation très fine de la sphère pour la recherche des maxima qui correspondent aux points de fuite.

Pour s'affranchir des inconvénients des stratégies d'accumulation, d'autres travaux ont recours à des méthodes statistiques ou bien probabilistes. Collins et Weiss [Collins et Weiss, 1990] estiment la position du point de fuite dans la sphère en la caractérisant par deux modèles statistiques, un paramétrique et un non-paramétrique. Plus récemment, Zhang et Kosecka [Zhang et Kosecka, 2002] ont présenté une méthode de détection des points de fuite qui ne nécessite pas une connaissance des paramètres intrinsèques de la caméra. Cette approche exploite l'hypothèse d'orthogonalité des points de fuite dans les scènes composées par des objets fabriqués par l'Homme et utilise l'algorithme EM pour la classification et l'estimation simultanées des directions des points de fuite. Aguilera et al [Aguilera et al., 2005], Förstner [Förstner, 2010] et Hwangbo et Kanade [Hwangbo et Kanade, 2011] utilisent RANSAC pour la classification des différentes familles de segments et la détection des points de fuite.

3.2.1.3 Espace du plan projectif

Cet espace de travail peut être considéré comme étant une alternative de l'espace image. Tout comme la sphère, l'avantage principal de cet espace de recherche c'est qu'il permet de traiter les points de fuite finis et infinis de la même manière. Pour cela, les points de fuite sont représentés par leurs cordonnées homogènes. A la différence des stratégies d'accumulation dans la sphère, les travaux qui considèrent l'espace du plan projectif, Liebowitz et Zisserman [Liebowitz et Zisserman, 1998], Liebowitz [Liebowitz, 2001], Pflugfelder [Pflugfelder, 2008], Pflugfelder et al [Pflugfelder et al., 2005], Nieto [Nieto, 2010] et Nieto et Salgado [Nieto et Salgado, 2011] utilisent des fonctions d'erreurs entre les points de fuite détectés et les primitives de l'image (segments de droites, points de contours, etc) qui ne dépendent pas de la position du point de fuite. Ensuite, des techniques d'optimisation du style EM ou des algorithmes robustes du type RANSAC sont employés pour ré-estimer les positions des points de fuite. Nieto et Salgado [Nieto et Salgado, 2011] proposent une méthode simultanée, d'estimation des points de fuite et de leurs lignes participantes, basée sur l'algorithme EM. Cette approche, définie dans le plan projectif, permet de traiter les points de fuite finis et infinis de la même manière en utilisant de nouvelles fonctions d'erreurs (modèles probabilistes) faisant appel à des procédures d'optimisation non linéaires.

3.2.1.4 Autres espaces de travail

Parmi les domaines de travail proposés dans la littérature on trouve aussi l'espace polaire ou bien l'espace de la transformée de Hough. Inventée et brevetée par Hough et al en 1962 [Hough, 1962] puis généralisée par Duda et Hart en 1972 [Duda et Hart], cette technique de reconnaissance de forme a un champ d'application très étendu.

Dans ce cadre, on peut citer le travail de Cantoni et al [Cantoni et al., 2001] qui présente deux méthodes d'estimation de points de fuite. La première est basée sur une approche probabiliste et fonctionne dans l'espace polaire alors que la deuxième est plutôt déterministe et exploite directement l'espace image. Tuytelaars et al [Tuytelaars et al., 1998] proposent une méthode basée également sur la transformée de Hough (transformée de Hough en cascade). Elle consiste à partitionner l'espace paramétrique de Hough en trois sous espaces bornés qui sont utilisés pour la détection des points et des lignes de fuite.

3.2.2 Primitives images

Une des étapes importantes de la chaîne d'estimation des points de fuite présentée dans la figure *3.1* est la détection de primitives. En effet, le type de primitives peut influencer à la fois le choix des méthodes dans les étapes suivantes ainsi que les résultats obtenus.

3.2.2.1 Droites ou segments de droite

Les segments de droite sont les primitives les plus utilisées dans la littérature pour l'estimation des points de fuite. Cela s'explique principalement par deux raisons : d'une part, le point de fuite résulte, par définition, de l'intersection de lignes parallèles observées dans le monde réel. Par conséquent, l'information image qui semble évidente à exploiter est la projection de ces lignes dans l'espace image qui sont aussi des droites. D'autre part, les premières recherches initiées sur l'estimation des points de fuite [Barnard, 1983] et [Magee et Aggarwal, 1984] se sont servies des droites comme éléments caractéristiques de l'image.

Plusieurs auteurs ont utilisé les droites comme primitives [Collins et Weiss, 1990], [Brillault-O'Mahony, 1991], [Shufelt, 1999], [Antone et Teller, 2000], [Rother, 2000], [Liebowitz et Zisserman, 1998], [Kosecka et Zhang 2002], [Almansa et al., 2003], [Hu et al., 2006], [Suttorp et Bucher, 2006], [Boulanger et al., 2006], [Pflugfelder, 2008], [Micusik et al., 2008], [Saurer et al., 2010], [Kalantari et al., 2009], [Bazin et al., 2010], [Barinova et al., 2010b], [Hwangbo et Kanade, 2011], [Mirzaei et Roumeliotis, 2011a] et [Nieto et Salgado, 2011]. En revanche, la manière dont ils détectent les droites ou bien les segments de droites, diffère d'une méthode à une autre. Il existe des travaux qui se servent d'opérateurs classiques de détection de contours, du type Canny [Canny, 1986] ou bien le Laplacien, suivis par des algorithmes d'extraction de lignes. [Kalantari et al., 2009] et [Bazin et al., 2010] procèdent à une étape de chaînage des pixels connexes des contours de Canny avant l'estimation des droites. [Boulanger et al., 2006] appliquent la transformée de Hough polaire [Duda et Hart] sur les points de contours détectés par un Laplacien classique alors que [Barinova et al., 2010b] utilisent la transformée de Hough probabiliste [Barinova et al., 2010a] pour la détection des segments de droites à partir des contours de Canny. Pflugfelder [Pflugfelder, 2008] utilise l'opérateur de Canny suivi par l'algorithme proposé par par Guru et al [Guru et al., 2004] pour la détection des droites. Mirzaei et Roumeliotis [Mirzaei et Roumeliotis, 2011a], quant à eux, exploitent les méthodes de chaînage de contours et de détection de segments de droites proposées par Kovesi [Kovesi]. D'autres auteurs proposent leur propre détecteur de segments de droites comme l'algorithme SSWMS (*Slice Sampling Weighted Mean Shift*) présenté par Nieto et al [Nieto et al., 2011]. Cet algorithme est basé sur une stratégie d'échantillonnage séquentielle pour repérer les pixels de l'image qui sont susceptibles d'appartenir à des segments de droite. Ensuite, une stratégie itérative de génération de segments de droite, basée sur la procédure de Mean Shift, est appliquée à chaque échantillon afin de détecter les deux extrémités du segment de droite.

3.2.2.2 Points

Ils représentent le deuxième type de primitives qui a été exploité pour la détection des lignes et des points de fuite. Parmi les méthodes qui considèrent les points caractéristiques comme primitives, on peut citer les travaux de [Tuytelaars et al., 1998], [Mingawa et al., 2000] ou encore celui de [Cantoni et al., 2001].

CHAPITRE 3. LES POINTS DE FUITE

3.2.2.3 Contours

Certains auteurs moins nombreux ont exploité directement les contours pour la détection des points de fuite. Schindler et Dellaert [Schindler et Dellaert, 2004] présentent une approche Bayésienne pour le groupement des contours selon les directions des points de fuite. Barinova et al [Barinova et al., 2007] proposent une méthode d'estimation de points de fuite à partir d'une seule vue qui ne nécessite pas une connaissance des paramètres de la caméra. Ils se servent, aussi, des contours comme primitives en intégrant une classe spécifique de filtrage de contours dans la méthode proposée par [Kosecka et Zhang 2002]. Nieto et Salgado [Nieto et Salgado, 2011] admettent que l'estimation des points de fuite est possible tant que l'information image utilisée a une orientation. Par conséquent, ils considèrent deux types de primitive image à savoir les segments de droites et les points de contours.

3.2.2.4 Texture

Le dernier type de l'information image évoqué dans la littérature pour l'estimation des points de fuite est la texture. Dans ce cadre on peut mentionner, à titre indicatif, les approches de Ribeiro et Hancock, qui ont beaucoup travaillé sur la texture [Ribeiro et Hancock, 2000a], [Ribeiro et Hancock, 2000b], [Ribeiro et Hancock, 2000c], [Ribeiro et Hancock, 2002] ou encore celles de [Rasmussen, 2004], [Antolovic et al., 2005] et de [Kong et al., 2010].

Dans le tableau 3.1 est présenté un résumé des méthodes les plus pertinentes en fonction de leur espace de travail et de leurs primitives.

3.2.3 Type d'approches

Une fois les primitives image extraites, l'estimation des points de fuite repose sur la classification ou le regroupement des primitives images associées à un même point de fuite. On peut distinguer deux types d'approches : la première stratégie consiste à séparer la classification et l'estimation des points de fuite en deux étapes successives. Une seconde stratégie consiste d'effectuer conjointement la classification des primitives et l'estimation des points de fuite en une seule étape.

3.2.3.1 Classification et estimation en deux étapes

Cette stratégie est la plus commune dans la littérature : l'étape de classification des primitives est une étape distincte préalable à l'estimation des points de fuite proprement dite.

Classification Certains auteurs se sont servis des espaces d'accumulations comme la sphère pour regrouper les primitives image [Barnard, 1983], [Quan et Mohr, 1989], [Lutton et al., 1994], [Boulanger et al., 2006]. Pour ce faire, l'espace d'accumulation

	Image	Sphère de Gauss	Plan projectif	Autres espaces
Droites ou segments	[McLean et Koyyuri, 1995]	[Barnard, 1983]	[Liebowitz et Zisserman, 1998]	[Cantoni et al., 2001]
	[Sekita, 1994]	[Magee et Aggarwal, 1984]	[Liebowitz, 2001]	
	[Rother, 2000]	[Lutton et al., 1994]	[Pflugfelder, 2008]	
	[Almansa et al., 2003]	[Quan et Mohr, 1989]	[Pflugfelder et al., 2005]	
	[Suttorp et Bucher, 2006]	[Brillault-O'Mahony, 1991]	[Nieto, 2010]	
	[Hu et al., 2006]	[Lee et al., 2002]	[Nieto et Salgado, 2011]	
	[Micusik et al., 2008]	[Shufelt, 1999]		
	[Tardif, 2009]	[Boulanger et al., 2006]		
	[Barinova et al., 2010b]	[Bazin et al., 2010]		
	[Saurer et al., 2010]	[Kosecka et Zhang 2002]		
	[Kalantari et al., 2009]			
	[Mirzaei et Roumeliotis, 2011a]			
Points	[Caprile et Torre, 1990]			[Tuytelaars et al., 1998]
	[Cantoni et al., 2001]			
	[Mingawa et al., 2000]			
Contours	[Barinova et al., 2007]		[Schindler et Dellaert, 2004]	
Texture	[Ribeiro et Hancock, 2000a]	[Ribeiro et Hancock, 2000c]		
	[Ribeiro et Hancock, 2000b]	[Ribeiro et Hancock, 2002]		
	[Rasmussen, 2004]			
	[Antolovic et al., 2005]			
	[Kong et al., 2010]			

Tableau 3.1: Classification des algorithmes de détection des points de fuite selon l'espace de travail et les primitives détectées

CHAPITRE 3. LES POINTS DE FUITE

est discrétisé selon l'une des stratégies présentées dans la section 3.2.1.2 puis le nombre de votes des cellules est incrémenté selon le nombre de grands cercles passants par elles. Les cellules avec un grand nombre de votes représentent des points de fuite potentiels. Toujours dans le cadre des méthodes d'accumulation et plus précisément dans l'espace de Hough, [Antone et Teller, 2000], [Brillault-O'Mahony, 1991], [Collins et Weiss, 1990] proposent une classification à l'aide de la transformée de Hough. Tuytelaars et al [Tuytelaars et al., 1998] proposent une nouvelle paramétrisation de la transformée de Hough, ce qui permet de l'appliquer en cascade. Cependant, l'inconvénient principal de cette méthode, tout comme les méthodes d'accumulation dans la sphère, réside dans le fait que les cellules d'accumulation n'ont pas la même taille (plus on s'éloigne du centre de l'espace de Hough définit, plus les accumulateurs deviennent grands).

Il existe aussi des travaux qui proposent d'autres techniques de classification comme alternative aux espaces d'accumulation. McLean et Kotturi [McLean et Koyyuri, 1995], Kosecka et Zhang [Kosecka et Zhang 2002] et Seo et al [Seo et al., 2006] regroupent les segments de droites de l'image par analyse de leur histogramme d'orientations. Magee et Aggarwal [Magee et Aggarwal, 1984], Gallagher [Gallagher, 2002] calculent les points d'intersection de toutes les paires de segments de droite sur la sphère. Ensuite, ils utilisent plutôt un algorithme de classification traditionnel, celui de k-$means$, afin de chercher les classes correspondantes à ces points. Tardif [Tardif, 2009] propose une méthode qui repose sur l'algorithme *J-Linkage* pour le regroupement des contours de l'image.

Estimation Une fois que les primitives image regroupées, l'étape suivante consiste à estimer les points de fuite. Certains auteurs définissent une fonction de coût ou une fonction d'erreur afin d'estimer les points de fuite. Cette fonction modélise l'erreur entre un point de fuite et une primitive image. La position optimale d'un point de fuite est calculée en minimisant l'erreur entre sa position initiale et toutes les primitives de sa classe correspondante. Plusieurs fonctions d'erreur sont proposées dans littérature. Parmi ces fonctions, on trouve celles qui sont basées sur les distances point-ligne [Kanatani, 1996], [Mingawa et al., 2000]. Caprile et Torre [Caprile et Torre, 1990] calculent la moyenne pondérée de toutes les intersections des paires de lignes d'une même classe. Bien qu'elles soient simples, ces fonctions d'erreur ne sont pas valides pour les points infinis. Liebowitz et Zisserman [Liebowitz et Zisserman, 1998] utilisent un estimateur du maximum de vraisemblance. Leur fonction de coût consiste à calculer la somme de la distance point-ligne de chaque extrémité du segment de droite par rapport à la ligne qui relit le point de fuite et le segment de droite. Ils utilisent l'algorithme d'optimisation Levenberg-Marquardt pour la minimiser. Cette fonction de coût a été par la suite modifiée dans les méthodes proposées par [Rother, 2000] et [Tardif, 2009].

3.2.3.2 Estimation et classification conjointe

Ces techniques proposent de traiter la classification des primitives et l'estimation des points de fuite en même temps. Elles reposent essentiellement sur des algorithmes robustes et itératifs comme RANSAC ou des méthodes d'optimisation, comme EM.

Les méthodes basées sur RANSAC et ses variantes [Kalantari et al., 2009], [Pugfelder, 2008], [Mirzaei et Roumeliotis, 2011a], [Hwangbo et Kanade, 2011],[Förstner, 2010] consistent à calculer un point de fuite candidat, à partir d'une sélection de primitives image choisies aléatoirement et de chercher ses primitives associées selon un critère de cohérence. Le point détecté est, ensuite, ré-estimé en tenant compte de toutes ses primitives participantes. Ces dernières sont retirées de l'ensemble d'entrée et le processus est répété jusqu'à ce qu'il n'y ait plus assez de primitives pour détecter des points de fuite. L'étape de ré-estimation des points de fuite repose généralement sur des algorithmes d'optimisation.

La deuxième catégorie de méthodes est basée sur l'algorithme EM [Pugfelder et al., 2005], [Sekita, 1994], [Nieto et Salgado, 2011]. Cet algorithme comporte deux étapes : une étape d'espérance (*E-step*) qui consiste à trouver la meilleure classification des primitives en posant une hypothèse sur la position du point de fuite, et une étape de maximisation (*M-step*) qui permet de trouver la meilleure estimation du point de fuite sachant le regroupement prévu calculé dans l'étape d'espérance. Contrairement à RANSAC, l'algorithme EM présente l'avantage d'affecter une primitive image à différents points de fuite en attribuant une probabilité particulière avec chaque point. Cependant, son inconvénient principal est que sa convergence dépend de l'initialisation des points de fuite et de leurs primitives associées. En effet, dans le cas d'une mauvaise initialisation, l'algorithme EM peut tomber dans un minimum local [Pflugfelder, 2008], [Nieto, 2010].

3.2.4 Nombre de points de fuite

Le dernier critère que nous allons utiliser pour classifier les algorithmes d'extraction des points de fuite est le nombre de points de fuite détectés, ce critère dépend fortement du type de l'application des points de fuite comme nous allons le voir dans la section suivante 3.3.

Les méthodes présentées dans la littérature peuvent être regroupées en trois classes différentes. En effet, on trouve une première famille d'approches qui n'impose aucune contrainte sur le nombre de points de fuite et permet de détecter tous les points de fuite possibles (N points) [Pflugfelder, 2008], [Kalantari et al., 2009], [Barinova et al., 2010b]. D'autres auteurs, se contentent de détecter seulement trois points de fuite mutuellement orthogonaux [Boulanger et al., 2006], [Micusik et al., 2008], [Tardif, 2009], [Bazin et al., 2010], [Förstner, 2010], [Hwangbo et Kanade, 2011], [Mirzaei et Roumeliotis, 2011a] et [Nieto et Salgado, 2011]. Ce sont plutôt les méthodes qui traitent le cas des milieux urbains et qui optent pour la contrainte d'orthogonalité préalablement introduite par Coughlan et Yuille [Coughlan et Yuille, 1999]. La dernière famille comporte les algo-

CHAPITRE 3. LES POINTS DE FUITE

	Un point de fuite	Trois points de fuite	N points de fuite
	[Collins et Weiss, 1990]	[Barnard, 1983]	[Mingawa et al., 2000]
	[McLean et Koyyuri, 1995]	[Lutton et al., 1994]	[Tuytelaars et al., 1998]
Classification et estimation	[Gallagher, 2002]	[Boulanger et al., 2006]	[Kosecka et Zhang 2002]
en deux étapes		[Tardif, 2009]	[Seo et al., 2006]
		[Rother, 2000]	[Barinova et al., 2010b]
		[Bazin et al., 2010]	[Antone et Teller, 2000]
		[Aguilera et al., 2005]	
		[Mirzaei et Roumeliotis, 2011a]	[Kalantari et al., 2009]
Estimation et classification		[Hwangbo et Kanade, 2011]	[Pflugfelder, 2008]
conjointe		[Förstner, 2010]	
		[Nieto et Salgado, 2011]	
		[Micusik et al., 2008]	
		[Saurer et al., 2010]	

Tableau 3.2: Classification des algorithmes de détection des points de fuite selon le type d'approche et le nombre de points de fuite détectés

rithmes qui détectent un seul point de fuite [Collins et Weiss, 1990], [Cantoni et al., 2001] et [Suttorp et Bucher, 2006]. Ces méthodes sont le plus souvent destinées pour des applications qui nécessitent la détection d'un seul point de fuite comme la détection des bords de la route.

Le tableau 3.2 présente un résumé des méthodes les plus pertinentes en fonction de leur approche utilisée et du nombre de points de fuite détectés.

3.3 Applications des points de fuite en imagerie

Les travaux présentés dans la section précédente sont issus de deux communautés différentes qui sont la photogrammétrie et la vision par ordinateur. Ces deux domaines, qui sont en pleine expansion actuellement, s'intéressent de plus en plus aux points de fuite. Ceci a entraîné une diversité dans les applications de détection des points de fuite.

Dans ce qui suit nous citerons les principales applications abordées dans la littérature.

3.3.1 Etalonnage de la caméra

L'estimation des paramètres intrinsèques de la caméra à partir d'une seule image est l'une des applications les plus importantes des points de fuite. Le principe de calibrage des caméras consiste à trouver la relation entre les coordonnées tridimensionnelles d'un point de la scène observée et son point associé dans l'image acquise par la caméra. La

CHAPITRE 3. LES POINTS DE FUITE

figure 3.4 présente les paramètres intrinsèques de la caméra généralement considérés dans la description de cette relation, selon le modèle sténopé. Le nombre de paramètres est donc 5 pour une modélisation ne prenant pas compte les distorsions géométriques. Le point m représente la projection sur le plan image du point M observé dans la scène. f est la focale, u_0 et v_0 les coordonnées de la projection sur le plan image du centre optique de la caméra et p_x et p_y les facteurs d'échelle liés à la résolution du capteur.

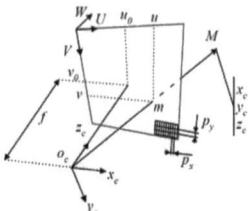

FIGURE 3.4: Paramètres intrinsèques de la caméra [Benallal, 2002]

Ce problème de calibrage d'une caméra à partir des points de fuite, a été traité, en premier lieu, par la communauté de photogrammétrie [Gracie, 1968], [Karras et Petsa, 1999], [Grammatikopoulos et al., 2003], puis par des chercheurs en vision par ordinateur à partir des années 90 [Caprile et Torre, 1990]. Ces derniers ont eu l'idée d'exploiter la vue d'un cube dont l'orientation est fixée à 45 degrés. Les arêtes du cube sont alors utilisées pour détecter trois points de fuite orthogonaux et les paramètres intrinsèques de la caméra sont, ensuite, estimés en exploitant les propriétés des points de fuite. A la suite de la publication de ce travail [Caprile et Torre, 1990], la littérature s'est fortement enrichie pour ce type d'application et de nombreuses méthodes ont été proposées. Cipolla et al [Cipolla et al., 1999] utilisent l'algorithme de [Caprile et Torre, 1990] afin d'estimer les paramètres intrinsèques de leur caméra à partir d'une paire d'images non calibrées (figure 3.4). [Guillou et al., 2000] ont étendu le travail de [Caprile et Torre, 1990]. Leur technique d'étalonnage de la caméra est basée sur une seule vue et repose sur les hypothèses suivantes : (i) l'image doit contenir au moins deux points de fuite (ii) la connaissance de la longueur réelle d'un segment de droite de l'image (iii) le point principal se situe au centre de l'image et enfin (iiii) l'aspect ratio entre les unités du monde et les pixels est fixé par l'utilisateur. Svedberg et Carlsson [Svedberg et Carlsson, 2000] proposent aussi une méthode qui dérive du travail de [Caprile et Torre, 1990]. Elle exploite le coin orthogonal comme structure de référence : l'intersection en angle droit de deux plans rectangulaires, à partir d'une seule image en perspective d'un bâtiment. La projection de cette structure de référence est utilisée pour extraire les points de fuite. Juste un an après, Wilczkowiak et al [Wilczkowiak et al., 2001] présentent une expansion de l'algorithme de [Caprile et Torre, 1990] qui consiste à exploiter les parallélépipèdes afin de s'affranchir des inconvénients rencontrés avec les méthodes de calibration basées sur les

CHAPITRE 3. LES POINTS DE FUITE 61

cubes (figure 3.5). Ces auteurs ont essayé d'améliorer cette méthode et l'ont succédée par deux autres travaux [Wilczkowiak et al., 2002] et [Wilczkowiak et al., 2005]. Ce dernier travail synthétise les deux précédents en utilisant une approche basée sur la factorisation dans le calcul des paramètres intrinsèques de la caméra. Beaucoup d'autres auteurs ont traité le sujet de la calibration de la caméra à partir des points de fuite. On peut citer [Kanatani et Onodera, 1990], [Beardsley et Murray, 1992], [Faugeras et al., 1992], [Danilidis et Ernst, 1996], [Deutscher et al., 2002], [Kushal et al., 2002], [Xie et al., 2004], [Pflugfelder et al., 2005], [Grammatikopoulos et al., 2006], [Wu et al., 2007] et [Avinash et Murali, 2008].

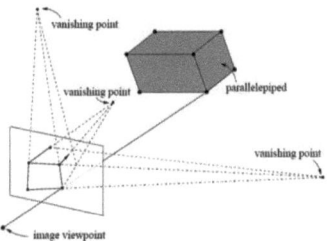

FIGURE 3.5: Exemple d'une structure de référence pour l'étalonnage de la caméra : un parallélépipède et sa projection sur le plan image [Wilczkowiak et al., 2001]

3.3.2 Estimation de l'orientation de la caméra

Après la calibration de la caméra, la deuxième application la plus répandue des points de fuite est l'estimation de l'orientation de la caméra avec une seule vue. Ceci revient à déterminer les angles de rotation de la caméra autour des trois axes du repère monde (Xw, Yw, Zw). Or, comme nous l'avons noté précédemment, chaque point de fuite représente une direction 3D dans l'espace monde. Par conséquent, si l'on considère que les points de fuites détectés sont orthogonaux alors trois points de fuite sont suffisants pour obtenir l'orientation de la caméra. Cette hypothèse reste valable dans les milieux urbains contenant des structures ou bien des objets fabriqués par l'Homme (construites de manière orthogonale). Un tel environnement est connu dans la littérature sous le nom «*Manhattan world*» en référence au travail proposé par [Coughlan et Yuille, 1999] qui étaient les premiers à remarquer que les scènes urbaines (à l'intérieur ou à l'extérieur) sont conçues en forme d'une grille tridimensionnelle de Manhattan.

De nombreux auteurs l'ont ensuite considérée dans leurs travaux. pour estimer la pose de la caméra : [Rother, 2000], [Lee et al., 2002], [Kosecka et Zhang 2002], [Schindler et Joachim, 2003], [Aguilera et al., 2005], [Boulanger et al., 2006], [Micusik et al.,

CHAPITRE 3. LES POINTS DE FUITE

2008], [Tardif, 2009], [Bazin et al., 2010], [Förstner, 2010], [Hwangbo et Kanade, 2011], [Mirzaei et Roumeliotis, 2011a], [Nieto et Salgado, 2011].

D'autres auteurs ont préféré exploiter plusieurs points de fuite dans leur calcul et de ne pas se limiter aux trois points de fuite orthogonaux tel est le cas de [Antone et Teller, 2000], [Karner et al., 2002] et [Kalantari et al., 2011]. Afin de calculer les paramètres extrinsèques de la caméra, ce type de méthode repose généralement sur des algorithmes de mise en correspondance et utilise par conséquent deux prises de vue.

Parmi les applications qui dérivent directement de l'estimation de l'orientation de la caméra on trouve la reconstruction 3D comme présentée dans [Criminisi et al., 1999] et [Cipolla et al., 1999]. Gallagher [Gallagher, 2005] exploite les points de fuite pour la rectification des images qui est un problème très connu dans les deux communautés de photogrammétrie et de vision par ordinateur. Boulanger et al [Boulanger et al., 2006] propose une application qui permet la navigation automatique dans une image à partir d'une seule prise de vue. Cette approche se sert des points de fuite à la fois pour l'étalonnage et le calcul de l'orientation de la caméra. La détection des plans orthogonaux [Micusik et al., 2008] ou encore l'analyse géométrique d'une scène [Barinova et al., 2010b] font partie aussi de ce type d'applications.

3.3.3 Localisation et estimation du mouvement

La localisation, que ce soit pédestre ou des véhicules est l'un des sujets les plus connus dans le domaine de la vision par ordinateur. [Bazin et al., 2010] se servent des points de fuite pour estimer le mouvement d'une caméra catadioptrique dans un milieu urbain. Cette méthode ressemble aux approches de type SLAM (*Simultanous Localization and Mapping*). [Hwangbo et Kanade, 2011] proposent une méthode d'estimation de l'attitude des appareils aériens sans pilote couplant les données inertielles issues du gyroscope (*IMU*) avec les points de fuite extraits des images. Une approche de localisation visuelle d'un robot en milieux urbains a été aussi présenté par [Saurer et al., 2010]. Ces derniers utilisent un descripteur pour chercher l'image la plus proche de l'image courante dans une base d'images d'apprentissage de la scène. Dans le cas d'une ambigüité ou d'une faible similarité entre images, ils se servent des points de fuite, en complément au descripteur, pour procéder à une étape de vérification géométrique.

3.3.4 Aide à la navigation routière

Les constructeurs automobiles s'intéressent de plus en plus aux systèmes d'aide à la conduite. Les points de fuite sont parmi les techniques utilisées dans ce contexte. Parmi les travaux publiés, on trouve ceux qui se basent sur les marquages de la route pour détecter les points de fuite [Simond et Rives, 2004], [Nieto, 2010]. D'autres, se placent dans le contexte plus général et plus difficile des routes de campagne ou de désert sans marquages en s'appuyant généralement sur l'analyse de la texture dans l'estimation des points de fuite [Rasmussen, 2004], [Alon et al., 2006], [Kong et al., 2010].

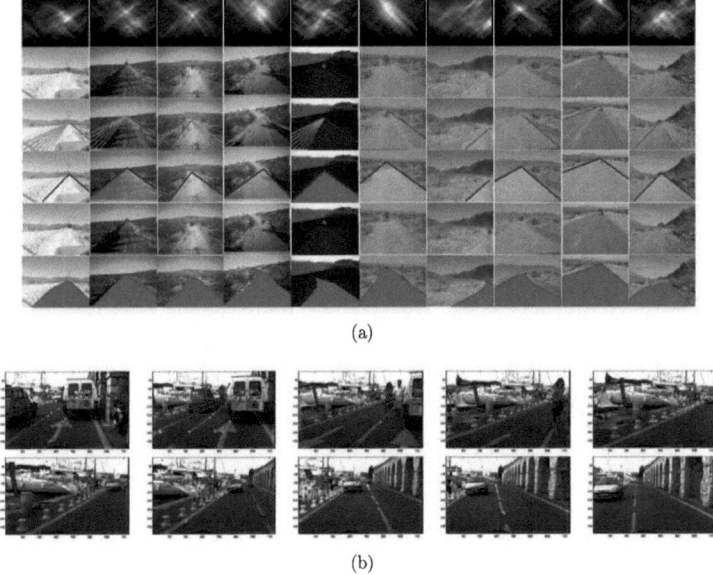

FIGURE 3.6: Exemples de détection des points de fuite sur des scènes routières. a) des routes de désert [Kong et al., 2010], b) des routes de ville avec marquage [Simond et Rives, 2004]

3.4 Conclusion

Dans ce chapitre, nous avons passé en revue les différentes méthodes de détection des points de fuite tout en les classifiant selon le domaine de travail, les primitives image utilisées, le type de l'approche et le nombre de points de fuite détectés. Ensuite, nous avons présenté les principales applications des points de fuite abordées dans la littérature.

Cette étude a montré que les méthodes d'accumulation sont simples à mettre en œuvre mais elles ne sont pas assez précises et dépendent de la discrétisation de l'espace d'accumulation. Les algorithmes basés sur RANSAC sont suivis par une étape d'optimisation. De même, les approches probabilistes, basées sur l'algorithme EM, sont robustes et performantes mais elles nécessitent une initialisation de leurs paramètres cibles qui peut influencer leur convergence.

A l'issue de cette étude bibliographique, nous avons opté pour l'image comme espace de travail, les segments de droite comme primitives et RANSAC pour la classification des lignes et l'estimation des points de fuite.

Le chapitre suivant décrit en détail la justification de nos choix méthodologiques, la mise en place de cette solution ainsi que sa validation sur différentes données expérimentales.

Chapitre 4

Estimation de l'orientation de la caméra à l'aide de 3 points de fuite

4.1 Introduction

Nous avons vu dans le chapitre précédent que l'estimation de l'orientation de la caméra avec une seule vue est l'une des applications les plus importantes des points de fuite. En effet, comme chaque point de fuite renseigne une direction 3D alors le calcul de l'orientation de la caméra à partir de 3 points de fuite seulement est possible, à condition qu'ils soient mutuellement orthogonaux. Cette contrainte d'orthogonalité est satisfaite dans les milieux urbains qui présentent un environnement de structures orthogonales.

Dans ce chapitre, nous détaillons un algorithme automatique de détection des points de fuite pour le calcul et le suivi de l'orientation d'une caméra pré-calibrée dans des scènes de type «*Manhattan world*» [Coughlan et Yuille, 1999]. Notre apport principal réside dans l'introduction d'une stratégie d'échantillonnage intelligente pour la sélection des trois points de fuite orthogonaux et la mise en place d'un suivi des trois points de fuite le long des séquences vidéo afin d'améliorer la robustesse de l'estimation de l'orientation de la caméra.

Cette méthode opère dans l'espace image ce qui permet d'éviter des temps de calcul supplémentaires relatifs aux projections et l'accumulation des primitives sur d'autres espaces de travail comme la sphère de Gauss par exemple. Elle utilise les segments de droite comme primitives, l'information image la plus simple à manipuler pour l'extraction des points de fuite. De plus, elle permet une estimation et classification conjointe des points de fuite basée sur RANSAC. En effet, à la différence des méthodes d'accumulation, l'algorithme de RANSAC permet une classification robuste des lignes de fuite et une détection précise de leur intersection. Cette classification est facile à mettre en œuvre, rapide et ne nécessite aucune initialisation comme les modèles probabilistes. Bien que travaillant dans l'espace 2D de l'image, cette approche permet de détecter les points de fuite finis ainsi que ceux rejetées à l'infini.

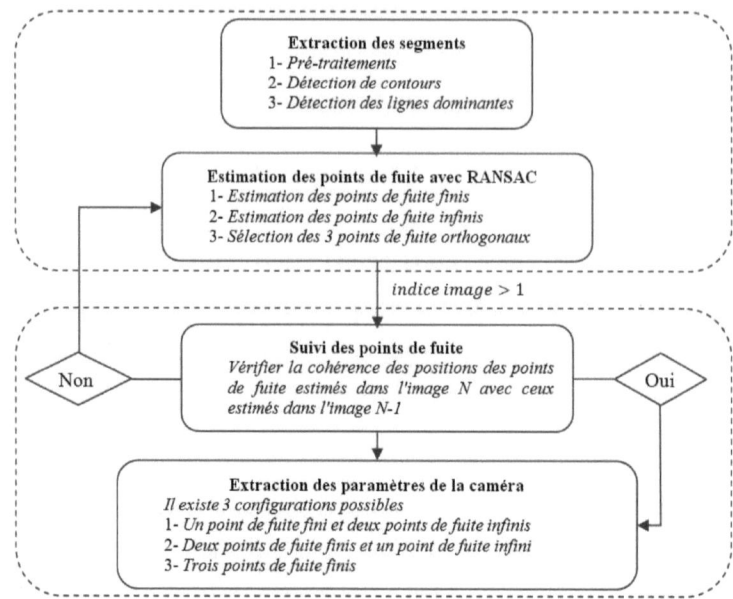

FIGURE 4.1: Les différentes étapes de l'algorithme d'estimation et de suivi de l'orientation de la caméra à partir de 3 points de fuite orthogonaux

Notre approche comporte deux parties comme le montre le schéma global de l'algorithme (figure 4.1) : la première partie consiste à l'extraction des points de fuite alors que la deuxième partie est consacrée à l'estimation et au suivi de l'orientation de la caméra. L'objectif de la première partie est d'identifier les trois points de fuite orthogonaux à partir de l'information image dans une scène urbaine de type «*Manhattan world*». Les trois points de fuite orthogonaux obtenus sont, ensuite, utilisés dans la deuxième partie pour déduire l'orientation de la caméra, dans un premier temps, et pour assurer son suivi au cours du temps, dans un deuxième temps.

Ce chapitre sera organisé comme suit : nous allons commencer, en premier, par détailler les différentes étapes de l'algorithme de détection des points de fuite dans la section 4.2. Après avoir estimé les paramètres de la caméra dans la section 4.3, la section 4.4 décrit le principe de suivi des points de fuite. Enfin, l'évaluation de la performance de notre méthode ainsi que sa comparaison avec d'autres approches de détection des points de fuite fera l'objet de la section 4.5.

4.2 Algorithme de détection des points de fuite

La détection des points de fuite comprend deux étapes : l'extraction des lignes dominantes de l'image, puis la recherche de leur intersection pour l'estimation des points de fuite finis et infinis.

4.2.1 Extraction des segments dominants

Comme nous avons vu dans le paragraphe 3.2.2 du chapitre précédent, plusieurs primitives image ont été exploitées dans la détection des points de fuite. Nous avons choisi les segments de droites, l'information image la plus simple à manipuler pour détecter les points de fuite.

4.2.1.1 Prétraitements

Dans le cas d'une caméra embarquée, équipée d'un objectif à courte focale, il est judicieux de débuter la chaîne par des prétraitements pour égaliser le contraste et supprimer les déformations de l'image. Nous avons introduit deux prétraitements pour rendre la détection des segments plus robuste et mieux répartie sur l'image.

Egalisation de l'histogramme   La navigation dans les pièces d'un bâtiment ainsi que le passage d'une scène intérieure vers une extérieure peut engendrer un changement brutal de contraste et/ou de luminosité. Ces changements peuvent influencer le nombre et la position des primitives détectées. Pour pallier ce problème, un ajustement de contraste s'avère nécessaire. Nous avons opté pour l'égalisation de l'histogramme. Celui-ci est rapide, automatique et facile à mettre en œuvre. Il permet d'étaler l'histogramme cumulé de l'image de départ (tendre vers un même nombre de pixels pour chacun des niveaux d'intensité de l'histogramme) et donc d'harmoniser la répartition des niveaux de luminosité de l'image. La figure 4.2 montre un exemple d'une image avant et après l'égalisation de son histogramme.

Correction de la distorsion   Comme nous pouvons le remarquer sur la figure 4.2, l'image de la scène photographiée est déformée. Cette distorsion, due à l'objectif utilisé (de courte focale), se traduit par la courbure des lignes droites. Afin que l'extraction des segments de droites de l'image ne soit pas perturbée par cette aberration géométrique nous procédons à une correction de la distorsion avant de détecter les contours. Pour ce faire, nous appliquons la même procédure que celle décrite dans la section 2.3.3.

CHAPITRE 4. ESTIMATION DE L'ORIENTATION DE LA CAMÉRA   68

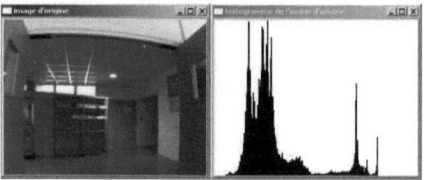

(a) Image d'origine et son histogramme correspondant

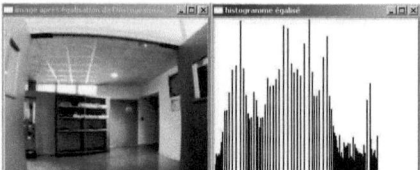

(b) Image après l'égalisation de son histogramme

Figure 4.2: Egalisation de l'histogramme

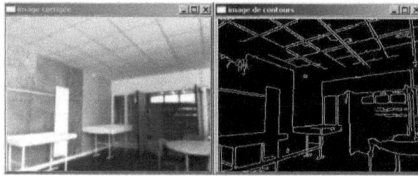

Figure 4.3: Exemple de détection des contours par l'algorithme de Canny

4.2.1.2   Détection des contours

La détection des contours permet en général de mettre en valeur la structure de la scène en localisant les lieux de plus forts gradients d'intensité. Nous avons opté pour l'algorithme de Canny [Canny, 1986] qui reste une méthode de référence d'extraction des contours. Après une étape optionnelle de réduction de bruit par filtrage gaussien, la détection des maxima locaux dans la direction du plus fort gradient est opérée au moyen d'un seuillage à hystérésis à deux seuils (un haut, un bas). Cet algorithme présente donc deux paramètres à régler. Il a été appliqué aux images dans sa version originale avec le paramétrage suivant : 20 pixels pour le seuil bas et 60 pixels pour le seuil haut. La figure 4.3 présente un exemple de détection des contours avec cet algorithme.

4.2.1.3 Détection des lignes dominantes

Une fois les contours extraits, l'étape suivante consiste à détecter des lignes dominantes par la transformée de Hough [Hough, 1962]. Le principe consiste à projeter les primitives image dans un espace de paramètres représentatif de la forme recherchée. Dans le cas des droites, deux stratégies existent :
- La transformée *m vers 1* qui projette un ensemble de droites en nuage de points.
- La transformée *1 vers m* qui projette un ensemble de points en courbes.

Nous utilisons la transformée *1 vers m* car elle est plus rapide que la première (La transformée *m vers 1*), qui demande la recherche de toutes les paires de points des contours détectés dans l'image. Chaque droite est paramétrée par deux valeurs : l'angle θ entre l'axe des abscisses et la normale à la droite et la distance ρ entre l'origine du repère et la droite (figure 4.4a). A la différence de la représentation cartésienne, cette représentation polaire permet de définir les différentes orientations avec une précision constante.

L'espace de Hough est discrétisé en fonction des deux paramètres θ et ρ. L'axe des abscisses représente les différentes orientations possibles d'une droite (θ allant de 0 à 2π) et l'axe des ordonnées représente la distance d'une droite à l'origine (ρ varie ente $-\rho_{max}$ et $+\rho_{max}$) comme décrit sur la figure 4.4b. Ceci nous permet d'avoir un espace à deux dimensions dans lequel on accumule les courbes associées aux points de l'image des contours. Chaque point (x, y) de l'image des contours correspond à l'intersection d'une infinité de droites (figure 4.4c). En calculant les valeurs correspondantes à chaque orientation θ, alors on obtient une courbe dans l'espace de Hough (figure 4.4d) par l'équation suivante :

$$\rho = x\cos(\theta) + y\sin(\theta) \qquad (4.1)$$

Les droites dominantes dans l'image relèvent de nombreux points de contours et correspondent donc à des lieux d'intersection des courbes dans l'espace de Hough, c'est à dire aux cellules de l'espace d'accumulation avec les valeurs les plus élevées (figures 4.4e et 4.4f).

Il existe plusieurs variantes de la transformée de Hough pour la détection des droites dans une image. Nous avons opté pour la méthode de Hough probabiliste [Matas et al., 1998]. D'une part, parce qu'elle est plus rapide que la méthode standard. En effet, elle se contente de calculer la transformée de Hough pour une proportion des pixels des contours aléatoirement choisis (un pourcentage entre 10% et 20% est suffisant pour obtenir de bons résultats) alors que la méthode standard applique la transformée de Hough pour tous les pixels de l'image de contours. D'autre part, la méthode de Hough probabiliste est plus efficace dans le cas où l'image contient peu de longues droites, et elle permet en outre, le calcul de leur longueur ce qui permet de conserver les segments dominants (4.5).

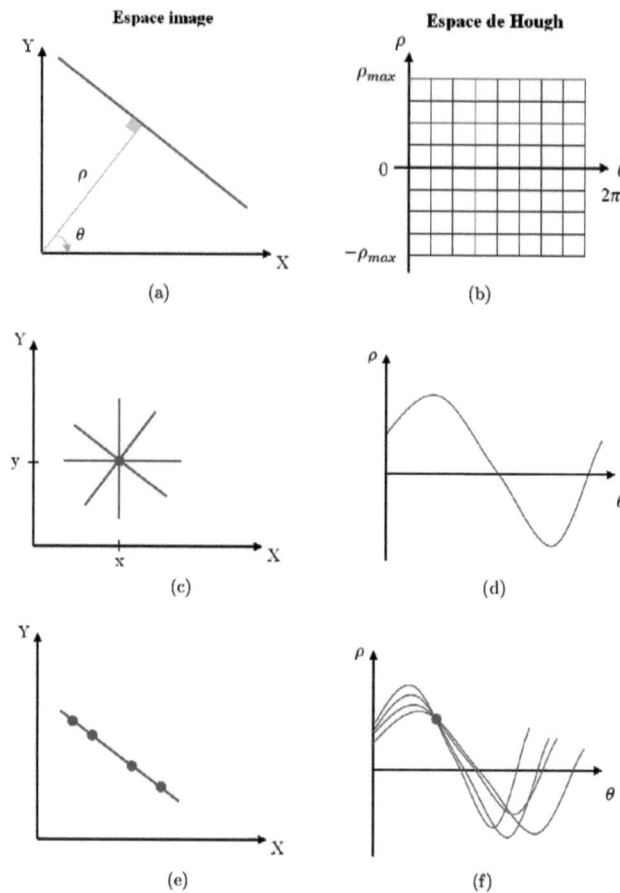

Figure 4.4: Principe de la transformée de Hough : (a) paramètres polaires d'une droite, (b) espace d'accumulation de Hough utilisé, (c) définition d'un point comme l'intersection d'une infinité de droites, (d) courbe sinusoïdale de l'espace de Hough correspondante à un point de l'image des contours, (e) droite commune des points alignés, (f) un ensemble de courbes avec un point commun correspond à un ensemble de points alignés dans l'espace image.

CHAPITRE 4. ESTIMATION DE L'ORIENTATION DE LA CAMÉRA

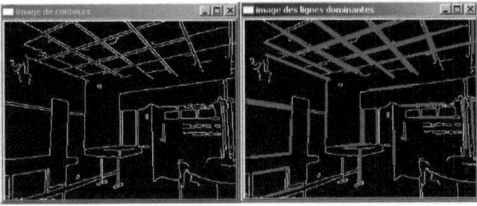

Figure 4.5: Exemple de détection des lignes dominantes par la transformée de Hough (à gauche : l'image de contours, à droite : l'image de contours avec les lignes dominantes)

L'algorithme nécessite de fixer 5 paramètres : deux pour la résolution de l'espace discrétisé de Hough ($\rho = 1$ pixel et $\theta = 0.05$ radians), le troisième paramètre indique le seuil minimal de la détection de lignes dans l'accumulateur ($\delta = 50$) et les deux derniers paramètres désignent respectivement la longueur minimale des segments de droite ($p_1 = 30$ pixels) et l'écart maximal entre deux segments alignés pour les traiter comme un seul segment ($p_2 = 5$ pixels). On note que tous ces paramètres ont été fixés empiriquement via un logiciel développé dans ce but (figure 4.6).

4.2.2 Estimation des points de fuite

Les algorithmes d'estimation des points de fuite proposés dans la littérature peuvent être regroupés, essentiellement, en trois catégories : les méthodes basées sur un espace d'accumulation, les approches utilisant RANSAC ou encore les algorithmes basées sur des modèles probabilistes ou statistiques. Nous avons opté pour RANSAC : d'une part, parce qu'il permet de détecter un point précis de l'intersection des lignes de fuite à la différence des approches d'accumulation qui détectent toute une zone d'intersection dont la taille dépend de la discrétisation de l'espace d'accumulation. D'autre part, à la différence des algorithmes basés sur des modèles probabilistes, l'estimation des points de fuite avec RANSAC ne nécessite aucune initialisation, elle est facile à mettre en œuvre et rapide.

Notre approche consiste à trouver les trois directions orthogonales principales de la scène (une direction verticale et deux horizontales), et ce à partir des lignes de fuite dominantes extraites dans l'image. Chacune de ces directions orthogonales, est associée à un point de fuite fini ou infini selon que le point détecté soit à l'intérieur de l'image ou rejeté à l'infini. En effet, dans le cas où une des directions de l'image est alignée avec une direction de l'espace 3D, alors les droites de fuite associées à cette direction ne donnent pas un point d'intersection et leur point de fuite dit infini sera représenté par leur direction. Ainsi, nous nous retrouvons avec trois configurations différentes en

FIGURE 4.6: Interface du logociel dédié pour le paramètrage des seuils de la détection des contours et des points de fuite

 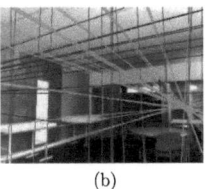

(a)   (b)

FIGURE 4.7: Exemples de détection des points de fuite : (a) un point de fuite fini et deux points de fuite infinis, (b) deux points de fuite finis et un point de fuite infini.

fonction de l'alignement du plan image avec le repère monde : un point de fuite fini et deux points de fuite infinis, deux points de fuite finis et un point de fuite infini ou trois points de fuite finis. Plus de détails sur le traitement de ces trois configurations seront donnés dans la section 4.3. La figure 4.7 montre deux exemples de détection des points de fuite pour les deux premières configurations.

Pour éviter toute confusion entre les points de fuite finis et les points de fuite infinis, nous procédons à une détection des points de fuite en deux étapes : d'abord, la détection des points de fuite finis, puis les points de fuite infinis. Comme le calcul de l'orientation de la caméra nécessite trois points de fuite, on retient initialement trois points de fuite finis et deux points de fuite infinis, puis on sélectionne les trois points qui satisfont au mieux la contrainte d'orthogonalité. Ce processus de détection des trois points de fuite orthogonaux est illustré sur un exemple dans la figure 4.8.

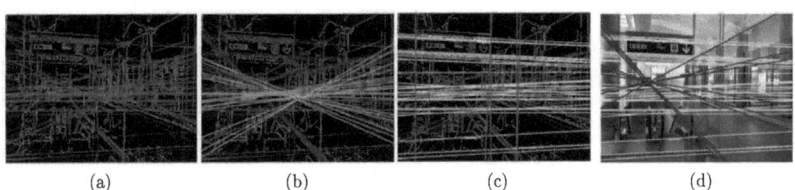

(a)   (b)   (c)   (d)

FIGURE 4.8: Illustration du processus de détection des 3 points de fuite orthogonaux : (a) détection les lignes de fuite, (b) détection de 3 points de fuite finis, (c) détection de 2 points de fuite infinis, (c) Sélection des 3 points de fuite orthogonaux.

4.2.2.1 Détection des points de fuite finis

Soit L l'ensemble de segments de droites obtenus suite à la procédure d'extraction décrite au paragraphe 4.2.1. Notre objectif est de partitionner les lignes de L en p groupes disjoints dont chacun représente un point de fuite potentiel v. Les trois points de fuite les plus pertinents seront par la suite sélectionnés. Pour ce faire, nous utilisons une procédure robuste basée sur RANSAC. D'abord, on choisit, aléatoirement, une paire de segments de droite (l_i, l_j) des lignes non étiquetées. Ensuite, on calcule l'intersection de ces deux droites pour avoir un point de fuite potentiel $v_{ij} = l_i \times l_j$. Afin de détecter les lignes associées à ce point de fuite potentiel, on calcule la fonction de coût, donnée par l'équation 4.2, pour toutes les lignes de L.

$$score(v; L) = \sum_{i=0}^{card(L)} f(v, l_i) \quad (4.2)$$

$$f(v, l_i) = \begin{cases} 1 & si\, d(v, l_i) < \delta \\ 0 & si\, non \end{cases} \quad (4.3)$$

Où $d(v, l_i)$ est la distance euclidienne entre le point de fuite potentiel v et la ligne l_i. Toutes les lignes de fuite dont la distance $d(v, l_i)$ est inférieure à un seuil δ sont considérées comme des lignes participantes au point v (le seuil δ que nous utilisons est égal à 4 pixels). Ces trois étapes sont répétées k fois (k est le nombre minimum de combinaisons aléatoires). On note que, pour de meilleures performances, k doit être proportionnel au nombre de segments de droites. Plus précisément, dans nos expériences ce paramètre est fixé à $k = 2 \times card(L)$. A la fin de ce processus itératif, les k scores calculés sont classés par ordre décroissant.

L'étape suivante consiste à sélectionner le premier point de fuite v_1, qui correspond au nombre maximal de lignes participantes, via l'équation suivante :

$$v_1 = \arg\max(score(v_i; L)) \quad (4.4)$$

Toutes les lignes de fuite associées à v_1 sont étiquetées et exclues de l'ensemble L. Le processus est répété deux fois pour détecter v_2 et v_3. Cependant, ces derniers doivent être suffisamment distants pour éviter les points redondants. Pour vérifier cette contrainte, nous utilisons comme fonction de distance l'angle entre les directions des points de fuite issues du centre de l'image :

$$d\left(\widehat{\vec{v_i}, \vec{v_j}}\right) \geq \gamma \quad (4.5)$$

L'angle γ est fixé à 30° dans nos expériences. La figure 4.9 montre un exemple de redondance des points de fuite finis en l'absence de la contrainte de distance. Les différentes étapes de détection des points de fuite finis sont résumées dans l'algorithme 4.1.

CHAPITRE 4. ESTIMATION DE L'ORIENTATION DE LA CAMÉRA 75

(a) (b)

FIGURE 4.9: Exemple de détection de points de fuite finis redondants : (a) détection des points de fuite finis sans la contrainte de distance, (b) détection des points de fuite finis avec la contrainte de distance.

Algorithm 4.1 Détection des points de fuite finis

1. Sélection aléatoire d'une paire de lignes (l_i, l_j) à partir de l'ensemble L des segments candidats.
2. Extraction d'un point de de fuite potentiel à partir de l'intersection des deux lignes, $v_{ij} = l_i \times l_j$.
3. Recherche des lignes de fuite associées à v_{ij} à l'aide des équations 4.2 et 4.3.
4. Répéter k fois les étapes 1, 2 et 3, puis sélectionner le point de fuite v_1 avec le plus grand nombre de lignes de fuite associées (équation 4.4).
5. Sauvegarde de la position du point de fuite sélectionné, étiquetage et extraction des lignes associées de l'ensemble L.
6. Répétez deux fois l'ensemble du processus pour la sélection des points de fuite v_2 et v_3 à partir des lignes non étiquetées qui vérifient l'équation 4.5.

En sortie de cet algorithme, on récupère trois points de fuite finis suffisamment distants et un ensemble L des segments restants non associés à ces trois points de fuite comme le montre la figure 4.8b.

4.2.2.2 Détection des points de fuite infinis

Au moment de la prise de l'image, il se peut qu'un axe ou au plus deux axes du repère monde soient parallèles au plan image. Dans ce cas, la projection perspective des lignes de l'espace 3D correspondantes à ces directions donne des lignes de fuite parallèles dont l'intersection (point de fuite) est rejetée à l'infini (très loin du centre de l'image).

La procédure de détection des points de fuite infinis est semblable à celle des points finis sauf que l'objectif est d'identifier la direction des lignes de fuite au lieu de leur

CHAPITRE 4. ESTIMATION DE L'ORIENTATION DE LA CAMÉRA   76

point d'intersection. Pour ce faire, on sélectionne aléatoirement une ligne l_i dans l'ensemble L des segments restants, et on estime sa direction $\vec{v}$. Ensuite, les étapes 3 à 5 de l'algorithme 4.1 d'estimation des points de fuite finis sont réalisées. Cependant, l'équation 4.3 est remplacée par la condition suivante :

$$f(v, l_i) = \begin{cases} 1 & si \min\left(\left(\widehat{\vec{v}, \vec{l_i}}\right), \left(\widehat{\vec{l_i}, \vec{v}}\right) \right) < \delta \\ 0 & si\,non \end{cases} \quad (4.6)$$

où $\left(\widehat{\vec{v}, \vec{l_i}}\right)$ est l'angle entre la direction du point de fuite à partir du centre de l'image et la ligne de fuite l_i (le seuil utilisé est égal à 4°). Dans le cas des points de fuite infinis, le nombre d'itérations du processus RANSAC est $k = card(L)$. Notons que $card(L)$ évolue au fil de l'algorithme puisque l'on extrait à chaque étape les segments de droite associés aux points de fuite. L'ensemble du processus est répété une deuxième fois pour sélectionner le second point de fuite infini en veillant à ce qu'il soit suffisamment distant du premier point pour éviter les points redondants. Pour cela, on utilise la même fonction utilisée dans le cas des points de fuite finis, donnée par l'équation 4.5 (γ est fixé à 60° dans ce cas). La figure 4.10 montre un exemple de redondance des points de fuite infinis en l'absence de la contrainte de distance. En sortie de l'algorithme, on obtient deux directions associées à des points de fuite infinis suffisamment distant (voir figure 4.8c), au plus des 3 points de fuite finis préalablement extraits.

(a)   (b)

FIGURE 4.10: Exemple de détection de points de fuite infinis redondants : (a) détection des points de fuite infinis sans la contrainte de distance, (b) détection des points de fuite infinis avec la contrainte de distance.

4.2.2.3 Sélection des 3 points de fuite orthogonaux

Après avoir extrait les points de fuite finis et infinis les plus pertinents, l'étape suivante consiste à sélectionner les trois points de fuite dont les directions, à partir du centre optique de la caméra, sont orthogonales. Deux contraintes sont à prendre en compte : la contrainte d'orthogonalité et l'existence d'au moins un point de fuite fini.

Pour ce faire, on applique l'heuristique suivante : on sélectionne le point de fuite fini avec le score le plus élevé. Ensuite, on choisit les deux autres points de fuite assurant la meilleure contrainte d'orthogonalité au premier point, en tant que premier critère, et leur score comme deuxième critère. Enfin, on procède à une identification du point de fuite vertical et des deux points de fuite horizontaux. Dans notre cas d'application, on suppose que la caméra est maintenue droite au moment de l'acquisition des images. Par conséquent, le point de fuite vertical est identifié comme étant le point avec la direction la plus proche de la direction verticale du plan image à partir du centre de l'image. Les deux autres points de fuite sont donc horizontaux (voir figure 4.8d).

4.3 Estimation de l'orientation de la caméra

A l'issue de l'étape de détection des points de fuite, on obtient trois points de fuite orthogonaux dont un vertical et deux horizontaux avec au moins un point de fuite fini. Les directions de ces trois points de fuite sont utilisées dans le calcul de la matrice de rotation de la caméra comme présenté dans [Boulanger et al., 2006]. Les trois vecteurs $\vec{u}$, $\vec{v}$ et $\vec{w}$ représentent respectivement la première direction horizontale, la direction verticale et la deuxième direction horizontale. Ces vecteurs respectent les relations suivantes :

$$\begin{cases} \vec{u}.\vec{v} = \vec{v}.\vec{w} = \vec{w}.\vec{u} = 0 \\ \|\vec{u}\| = \|\vec{v}\| = \|\vec{w}\| = 1 \end{cases} \quad (4.7)$$

On note aussi que le centre optique de la caméra est placé sur l'origine du repère monde. Le point principal P de la caméra est fixé au centre de l'image. Le repère $(\vec{u}, \vec{v}, \vec{w})$ est le repère monde, où $\vec{u}$ et $\vec{v}$ correspondent respectivement à la direction horizontale et verticale. Le repère $(\vec{x}, \vec{y}, \vec{z})$ est celui de la caméra. La focale de la caméra est connue puisqu'elle est préalablement calibrée. La matrice de rotation nous permet de déduire les angles d'Euler représentant un triplet d'angles de rotation autour des 3 axes de la caméra x, y et z qui correspondent, en aéronautique, respectivement au tangage ψ (axe x), lacet α (axe y) et roulis ρ (axe z) comme le montre la figure 4.11. L'estimation de la matrice de rotation dépend de la configuration des points de fuite finis et infinis. Dans ce qui suit nous détaillons le calcul de l'orientation de la caméra pour chacune des trois configurations des points de fuite détectés.

4.3.1 Un point de fuite fini et deux points de fuite infinis

Cette situation est la plus fréquente, elle est obtenue quand deux axes du repère monde sont alignés au plan image comme l'on peut l'observer sur la figure 4.12. Soient V le point de fuite fini, f la distance focale, $\vec{OV} = (v_x, v_y, -f)^T$ est la direction du point de fuite fini, $\vec{I_1} = (I_{1x}, I_{1y}, 0)^T$ et $\vec{I_2} = (I_{2x}, I_{2y}, 0)^T$ sont les directions des deux points

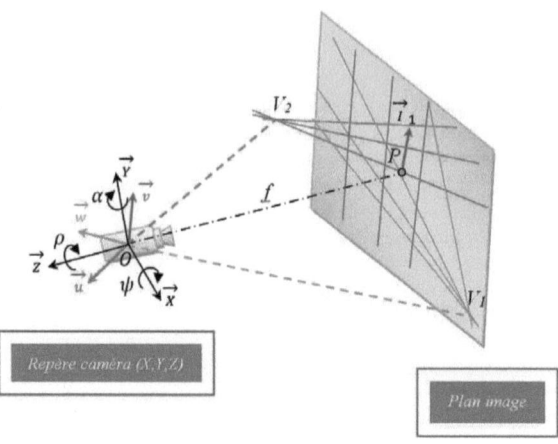

FIGURE 4.11: Le repère caméra

de fuite infinis dans le plan image. Le premier vecteur non-normalisé de la matrice de rotation que l'on peut estimer est déduit du point de fuite fini :

$$\vec{w'} = -\overrightarrow{OV} = (w'_x, w'_y, w'_z)^T = (-v_x, -v_y, f)^T \qquad (4.8)$$

Une fois $\vec{w'}$ connu, le vecteur $\vec{v'}$, qui se trouve dans le plan défini par les points O, P et la direction $\vec{I_1} = (I_{1x}, I_{1y}, 0)^T$, peut être calculé. Il correspond au vecteur $\vec{I_1} = (I_{1x}, I_{1y}, 0)^T$ auquel on ajoute une composante suivant l'axe des $\vec{z}$. Par conséquent, $\vec{v'}$ la forme non-normalisée de $\vec{v}$ peut être exprimé par le vecteur suivant : $\vec{v'} = (I_{1x}, I_{1y}, v'_z)^T$. Comme $\vec{v'}$ et $\vec{w'}$ sont orthogonaux, $\vec{v'}.\vec{w'} = 0$, la composante v'_z de $\vec{v'}$ peut être déduite comme suit :

$$\begin{aligned} I_{1x}w'_x + I_{1y}w'_y + v'_z w'_z &= 0 \\ v'_z &= -\frac{I_{1x}w'_x + I_{1y}w'_y}{w'_z} \\ &= \frac{I_{1x}v_x + I_{1y}v_y}{f} \end{aligned} \qquad (4.9)$$

Le vecteur $\vec{u'}$ se trouve dans le plan formé par les points O, P et la direction $\vec{I_2} = (I_{2x}, I_{2y}, 0)^T$. Il est déterminé de la même manière que $\vec{v'}$, ce qui nous donne $\vec{u'} = (I_{2x}, I_{2y}, u'_z)^T$ avec :

CHAPITRE 4. ESTIMATION DE L'ORIENTATION DE LA CAMÉRA

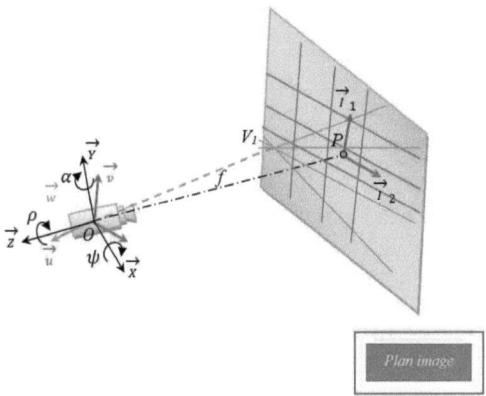

Figure 4.12: Extraction des paramètres extrinsèques de la caméra : un point de fuite fini et deux points de fuite infinis

$$u'_z = \frac{I_{2x}v_x + I_{2y}v_y}{f} \quad (4.10)$$

Une alternative pour obtenir $\vec{u'}$ serait de calculer le produit vectoriel entre $\vec{v'}$ et $\vec{w'}$:

$$\vec{u'} = \vec{v'} \wedge \vec{w'} = \begin{pmatrix} I_{1x} \\ I_{1y} \\ \frac{I_{1x}vp_x + I_{1y}vp_y}{f} \end{pmatrix} \wedge \begin{pmatrix} -vp_x \\ -vp_y \\ f \end{pmatrix} = \begin{pmatrix} I_{1y}f + \frac{I_{1x}vp_x + I_{1y}vp_y}{f}vp_y \\ -\frac{I_{1x}vp_x + I_{1y}vp_y}{f}vp_x - I_{1x}f \\ -I_{1x}vp_y + I_{1y}vp_x \end{pmatrix} \quad (4.11)$$

Après la normalisation de $\vec{u'}$, $\vec{v'}$ et $\vec{w'}$, on obtient :

$$\vec{u} = \frac{\vec{u'}}{\|\vec{u'}\|} \quad ; \quad \vec{v} = \frac{\vec{v'}}{\|\vec{v'}\|} \quad ; \quad \vec{w} = \frac{\vec{w'}}{\|\vec{w'}\|} \quad (4.12)$$

4.3.2 Deux points de fuite finis et un point de fuite infini

La détection de deux points de fuite finis signifie que deux vecteurs de la matrice de rotation ne sont pas dans le plan image. Cette situation est obtenue quand le plan image est aligné avec un seul axe du repère monde comme illustrée par la figure 4.11. Soient V_1 et V_2 les deux points de fuite finis dont les directions sont données par les vecteurs $\overrightarrow{OV_1}$ et $\overrightarrow{OV_2}$, avec :

$$\overrightarrow{OV_1} = (v_{1x}, v_{1y}, -f)^T \quad ; \quad \overrightarrow{OV_2} = (v_{2x}, v_{2y}, -f)^T \qquad (4.13)$$

Comme il y a deux points de fuite finis horizontaux, on note que le point le plus proche du centre de l'image est utilisé pour calculer le vecteur $\vec{w}$ alors que le deuxième point fini est utilisé pour estimer $\vec{u}$. Le vecteur $\vec{v}$ peut être déduit par produit vectoriel entre $\vec{w}$ et $\vec{u}$, alors on obtient :

$$\vec{u} = -\frac{\overrightarrow{OV_1}}{\left\|\overrightarrow{OV_1}\right\|} \quad ; \quad \vec{w} = -\frac{\overrightarrow{OV_2}}{\left\|\overrightarrow{OV_2}\right\|} \quad ; \quad \vec{v} = \vec{w} \wedge \vec{u} \qquad (4.14)$$

4.3.3 Trois points de fuite finis

A la différence des deux premières combinaisons, cette configuration est moins fréquente. Elle est obtenue quand il n'y a pas d'alignement entre le plan image et le repère monde comme le montre la figure 4.13. Soient V_1, V_2 et V_3 les trois points de fuite finis dont les directions sont données par les vecteurs $\overrightarrow{OV_1}$, $\overrightarrow{OV_2}$ et $\overrightarrow{OV_3}$ avec :

$$\overrightarrow{OV_1} = (v_{1x}, v_{1y}, -f)^T; \quad \overrightarrow{OV_2} = (v_{2x}, v_{2y}, -f)^T; \quad \overrightarrow{OV_3} = (v_{3x}, v_{3y}, -f)^T \qquad (4.15)$$

Pour calculer la matrice de rotation, on commence par l'estimation du vecteur $\vec{v}$ avec le point de fuite vertical. Ensuite, on calcule $\vec{w}$ avec la direction du point de fuite le plus proche du centre de l'image et $\vec{u}$ avec la direction du point restant. On obtient donc :

$$\vec{u} = -\frac{\overrightarrow{OV_1}}{\left\|\overrightarrow{OV_1}\right\|} \quad ; \quad \vec{v} = -\frac{\overrightarrow{OV_2}}{\left\|\overrightarrow{OV_2}\right\|} \quad ; \quad \vec{w} = -\frac{\overrightarrow{OV_3}}{\left\|\overrightarrow{OV_3}\right\|} \qquad (4.16)$$

4.4 Suivi des points de fuite

Vu que dans une séquence vidéo la différence entre deux images successives est négligeable, les positions et les directions des points de fuite sont légèrement modifiées d'une image à une autre. Par conséquent, il est intéressant de pouvoir suivre ces points de fuite en utilisant leurs positions déjà trouvées dans l'image précédente. Comme on ne

CHAPITRE 4. ESTIMATION DE L'ORIENTATION DE LA CAMÉRA

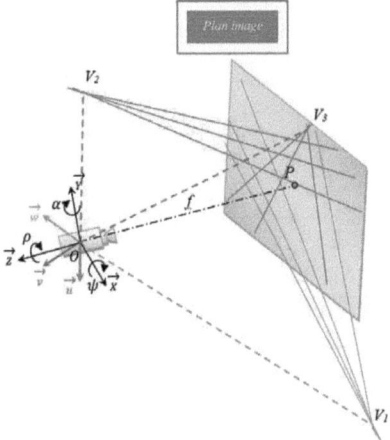

FIGURE 4.13: Extraction des paramètres extrinsèques de la caméra : trois points de fuite finis

dispose pas d'un modèle de mouvement bien précis dans le cas pédestre, on a introduit deux contraintes pour vérifier la cohérence des positions des points de fuite estimés dans l'image N avec ceux estimés dans l'image : la distance Euclidienne entre les positions des points de fuite finis $d(v_N, v_{N-1})$, et l'angle entre les directions des points de fuite infinis $\left(\widehat{v_{N-1}, v_N} \right)$. La vérification de cette cohérence permet de s'appuyer sur une extraction à la fois robuste et rapide des points de fuite dans l'image avant de calculer la matrice de rotation de la caméra. En cas d'incohérence, le point de fuite est ré-estimé en tenant compte de sa position ou sa direction dans l'image précédente et en utilisant les lignes non affectées aux deux autres points de fuite. Ainsi, les points de fuite aberrants sont éliminés et remplacés par de nouveaux points qui sont à la fois cohérents avec leurs positions ou directions antérieures et respectent la contrainte d'orthogonalité.

Bien que très simple, ce suivi améliore nettement les performances de l'estimation de l'orientation de la caméra qui est devenue plus robuste et plus stable comme sera présenté dans la section des tests expérimentaux 4.5.

4.5 Tests expérimentaux

Les points de fuite sont des points caractéristiques que l'on peut repérer visuellement dans les images de scènes urbaines. A ce jour, il n'existe pas de méthodes automatiques pour trouver les valeurs de références des points de fuite d'une image réelle. Par conséquent, le seul moyen pour évaluer l'efficacité de l'algorithme d'extraction des points de fuite est d'utiliser une base d'images pour lesquelles la position des points de fuite a été calculée manuellement comme la base *York Urban DataBase* (*YUDB*)[1].

Dans ce qui suit, nous présentons l'évaluation de notre méthode selon différents aspects. Tout d'abord, nous la comparons à deux autres approches de la littérature en se basant sur les images statiques de la base *York Urban DataBase*. Ensuite, nous étudions la performance de la méthode proposée en présence de bruit. Afin d'analyser l'efficacité de notre algorithme de suivi des points de fuite, nous le testons sur des séquences vidéo réelles. Enfin, nous clôturons cette section par l'évaluation du temps de calcul de notre approche.

4.5.1 Comparaison avec d'autres méthodes

Notre algorithme d'extraction des points de fuite a été testé sur la base *York Urban DataBase* (*YUDB*). Cette base d'images comprend 102 images statiques pour des scènes intérieures et extérieures et fournit pour chacune d'entre elles les paramètres de calibration de la caméra, les segments de droite de la vérité terrain (repérés manuellement) et les trois points de fuite orthogonaux pour calculer l'orientation de la caméra. La figure 4.14 illustre quelques résultats de notre algorithme d'extraction des points de fuite orthogonaux sur cette base.

Nous avons comparé notre méthode à deux autres méthodes de détection de points de fuite sur la base *YUDB* : la première est une approche d'accumulation (*ATIP*) proposée par [Boulanger et al., 2006], la seconde est une méthode analytique (*RNS*) proposée par [Mirzaei et Roumeliotis, 2011a]. Pour ce faire, nous avons comparé l'orientation de la caméra obtenue par les trois algorithmes sur les images de la base *YUDB* à la vérité terrain fournie avec cette base. Pour la méthode *RNS*, nous avons simplement utilisé les résultats fournis par les auteurs [Mirzaei et Roumeliotis, 2011b].

Le tableau 4.1 présente une étude comparative de l'écart angulaire entre l'orientation de la caméra calculée par les trois approches et son orientation obtenue par la vérité terrain sur un échantillon de 50 images de la base *YUDB*. La moyenne et l'écart-type de la déviation angulaire pour les trois angles sont représentés dans les deux premières lignes du tableau. Les trois dernières lignes du tableau 4.1 donnent le nombre de fois où la déviation angulaire est supérieure à une valeur fixe de 2, 5 et 10 degrés, respectivement.

Ces résultats montrent que notre méthode permet une estimation précise de l'orientation de la caméra puisque l'écart angulaire reste inférieur à 2 degrés pour la plupart des images. La méthode *ATIP* est la moins précise ce qui peut être dû à l'absence de la contrainte d'orthogonalité des points de fuite ou encore à une mauvaise classification des lignes parallèles en présence des lignes de fuite aberrantes. En effet, en utilisant RANSAC pour la classification des lignes, les deux autres méthodes permettent de reti-

---

1. http ://www.elderlab.yorku.ca/YorkUrbanDB/

CHAPITRE 4. ESTIMATION DE L'ORIENTATION DE LA CAMÉRA

	Notre méthode			RNS			ATIP		
	Tangage	Lacet	Roulis	Tangage	Lacet	Roulis	Tangage	Lacet	Roulis
Moyenne	1,38	0,75	0,69	0,74	1,70	1,81	3,80	4,36	1,80
Ecart-type	1,57	0,60	0,65	0,62	1,82	1,88	4,74	5,69	2,67
> 2°	8	3	1	1	13	16	23	27	11
> 5°	2	0	0	0	2	2	14	13	6
> 10°	0	0	0	0	1	1	5	4	1

Tableau 4.1: Validation de la précision de calcul de l'orientation de la caméra. Etude comparative de trois méthodes en fonction de la moyenne et l'écart type de la déviation angulaire entre l'orientation de la caméra calculée et celle obtenue par la vérité terrain (en degrés).

rer les lignes aberrantes des groupements des lignes de fuite trouvés. La méthode RNS donne le meilleur résultat pour l'angle de tangage, mais il est intéressant de noter que notre méthode est significativement meilleure pour les angles du lacet et du roulis. En effet, dans le cas de la navigation pédestre, le lacet est indispensable car il nous renseigne sur la visée de la caméra. Ceci peut s'expliquer par notre stratégie intelligente de sélection des points de fuite orthogonaux qui sont assez éloignés les uns des autres et sans risque de confusion entre les points finis et infinis.

L'écart angulaire des trois angles d'Euler estimés par l'algorithme proposé, les méthodes RNS et ATIP, par rapport à la vérité terrain est illustré dans la figure 4.15a. Les figures 4.15b et 4.15c présentent respectivement la déviation angulaire minimale et maximale entre les directions des points de fuite estimés et la vérité terrain. On note que 78% des images testées avec notre approche donnent une erreur de déviation angulaire inférieure à 2° alors que seulement 68% et 18% des images testées respectivement avec les méthodes RNS et ATIP ont une déviation angulaire inférieure à ce seuil d'erreur (figure 4.15b).

4.5.2 Suivi de l'orientation de la caméra

La méthode proposée a été testée sur des séquences vidéo réelles pour assurer un suivi de l'orientation de la caméra au cours de son déplacement. Pour ce faire, nous avons utilisé un prototype expérimental composé d'une caméra AVT GUPPY F-033C équipée d'un objectif de 3.5 mm et d'un PC portable doté d'un processeur Intel Core 2 Duo 2.66 GHz et de 4096 MB de RAM. La caméra a été préalablement calibrée à l'aide du logiciel de Bouguet [Bouguet, 2006]. Notre algorithme a été testé sur différentes séquences vidéo : les figures 4.16 et 4.19 représentent quelques résultats de suivi des points de fuite et de leurs lignes associées dans deux séquences vidéo. La première séquence est composée de 350 images et la deuxième séquence contient 468 images. Les deux séquences sont acquises dans les couloirs de notre laboratoire avec une cadence de 25 images par seconde. Les figures 4.17 et 4.20 comparent l'évolution de l'orientation

FIGURE 4.14: Quelques résultats de la détection des 3 points de fuite orthogonaux et de leurs lignes associées sur des images de la base *YUDB*. La première colonne reprsénte les image originales, la deuxième colonne représente les segments de droite de la vérité terrain et la troisième colonne représente les points de fuite et leurs lignes associées détectées avec notre méthode.

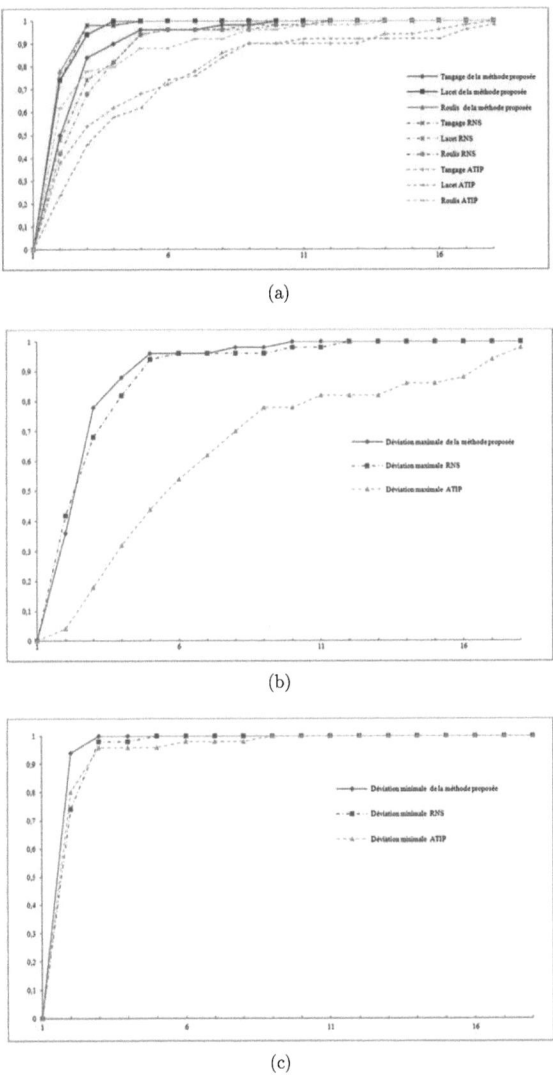

FIGURE 4.15: Comparaison des histogrammes cumulés de la déviation angulaire entre l'orientation de la caméra calculée avec les 3 méthodes et la vérité terrain de la base $YUDB$: (a) pour les 3 angles de rotation (roulis, tangage et lacet), (b) pour la déviation angulaire maximale sur les 3 angles (c) pour la déviation angulaire minimale sur les 3 angles

de la caméra obtenue (roulis, tangage et lacet) pour les deux séquences avant et après avoir introduit le suivi des points de fuite. Les résultats montrent qu'avant l'activation du suivi des points de fuite, l'évolution des angles de rotation de la caméra présente de nombreux "sauts" dus à la présence de quelques points de fuite aberrants. Cependant, en assurant le suivi des points de fuite, l'évolution des angles de rotation de la caméra est très lisse en particulier pour l'angle de lacet qui nous donne la direction de la visée de la caméra. En effet, le suivi permet de vérifier la cohérence des points de fuite détectés avec leurs positions ou directions précédentes et d'écarter les points aberrants ce qui permet d'obtenir une orientation de la caméra, au cours du temps, plus précise et plus robuste.

Afin d'illustrer l'efficacité de la stratégie de sélection des points de fuite proposée, basée sur le regroupement des lignes avec RANSAC, les figures 4.18 et 4.21 montrent l'évolution du nombre de lignes de fuite extraites le long des deux séquences. Ces deux figures représentent le nombre total de lignes de fuite ainsi que le nombre de lignes sélectionnées pour les 3 points de fuite (*inliers*) qui comporte les lignes participantes au 2 points de fuite horizontaux et celles participantes au point de fuite vertical. Il est clair que la classification des lignes par RANSAC permet d'écarter les lignes aberrantes (*outliers*).

4.5.3 Performance en présence de bruit

Dans cette section, la performance de la méthode proposée en présence de bruit a été étudiée. Pour cela nous avons introduit deux valeurs de bruit (5 pixels et 10 pixels) sur les positions des points de fuite extraits. Ensuite, l'orientation de la caméra a été estimée en présence du bruit puis elle a été comparée à l'orientation réelle de la caméra. Les résultats obtenus (figure 4.22) montrent que le bruit introduit, pour ses deux valeurs, n'a pas un impact significatif sur la précision de notre algorithme. En effet, l'erreur angulaire de l'angle qui renseigne la direction de visée de la caméra (le lacet) est inférieure à 1 degré pour un bruit de 5 pixels et elle est inférieure à 2 degrés pour un bruit de 10 pixels.

4.5.4 Temps de calcul

Notre algorithme d'extraction et de suivi des points de fuite a été implémenté en C++ en utilisant la bibliothèque OpenCV sur un ordinateur doté d'un processeur Core 2 Duo 3 GHZ et de 2048 MB de RAM. Le processus entier d'extraction des points de fuite pour une séquence de 350 images de taille 320×240 prend, en moyenne, 16 ms avec un code non optimisé. Nous avons comparé aussi le temps de calcul de notre algorithme à ceux des méthodes présentées dans la section 4.5.1 comme le montre le tableau 4.2. L'estimation des points de fuite avec notre méthode sur les images de la base *YUDB* de taille 640×480 prend $\backsim 83\,ms$ alors que la méthode *RNS* nécessite $\backsim 290\,ms$ et

CHAPITRE 4. ESTIMATION DE L'ORIENTATION DE LA CAMÉRA 87

FIGURE 4.16: Premier exemple de détection et de suivi des 3 points de fuite orthogonaux et de leurs lignes associées dans une séquence de 350 images.

CHAPITRE 4. ESTIMATION DE L'ORIENTATION DE LA CAMÉRA

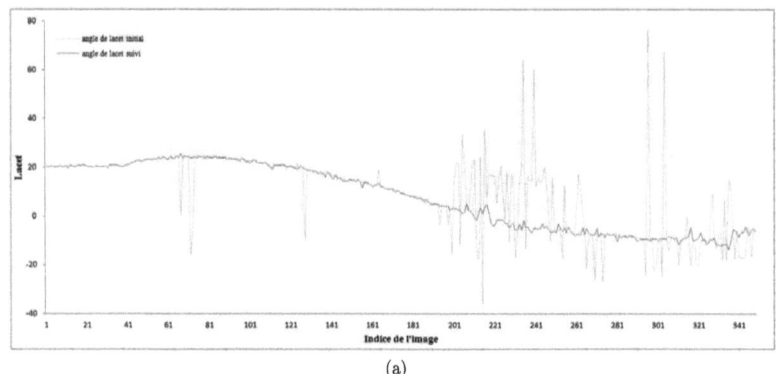

(a)

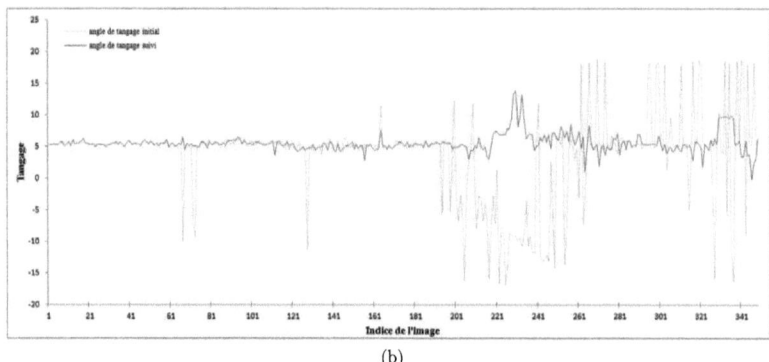

(b)

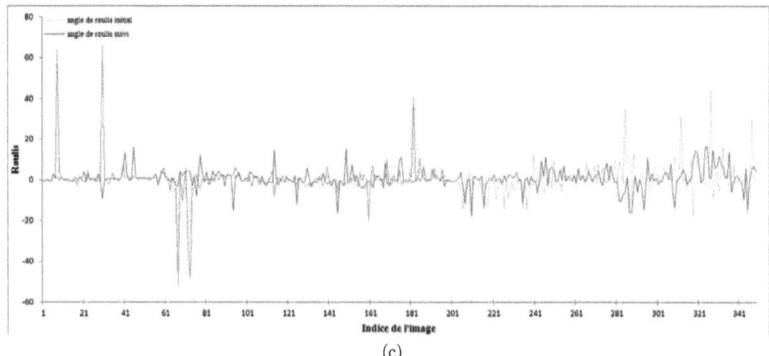

(c)

FIGURE 4.17: Comparaison de l'évolution des angles du lacet (a), tangage (b) et roulis (c) pour la première séquence avant et après l'activation du suivi des points de fuite.

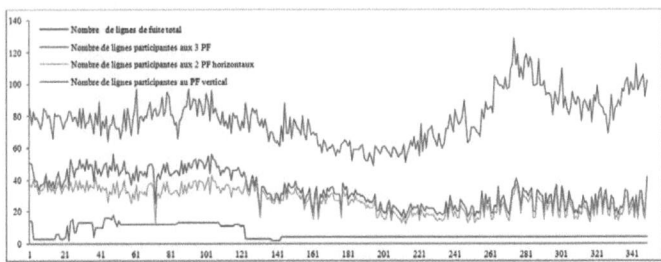

FIGURE 4.18: Evolution du nombre total de lignes de fuite extraites, du nombre de lignes participantes aux 3 points de fuite et du nombre de lignes associées respectivement aux 2 points de fuite horizontaux et au point de fuite vertical le long de la première séquence Seq1.

l'approche $ATIP \backsim 1120\,ms$. Par conséquent, notre algorithme est le plus rapide et il est bien dédié aux applications temps réel.

Méthode	Temps de cacul
Notre approche	$\backsim 83\,ms$
RNS	$\backsim 290\,ms$
ATIP	$\backsim 1120\,ms$

Tableau 4.2: Comparaison des temps de calcul de l'estimation des points de fuite obtenus par notre méthode, RNS et ATIP pour des images de taille 640 × 480.

4.6 Conclusion

Dans ce chapitre, nous avons présenté un algorithme efficace pour l'estimation automatique de l'attitude absolue de la caméra (les angles du lacet, roulis et tangage) en utilisant les points de fuite. La méthode proposée est définie dans le plan image et elle est basée sur la contrainte d'orthogonalité des directions des points de fuite dans un environnement de type «*Manhattan world*». L'extraction des points de fuite est basée sur les segments de droite détectés dans l'image 2D, elle utilise une méthode robuste du type RANSAC ce qui permet d'avoir un temps de calcul beaucoup plus rapide que celui des approches accumulatives.

Cette approche introduit une nouvelle stratégie de sélection des trois points de fuite orthogonaux ainsi qu'un suivi de ces points le long des séquences vidéo ce qui permet de rejeter les primitives aberrantes et, par conséquent, d'améliorer la robustesse de l'estimation de l'orientation de la caméra.

FIGURE 4.19: Deuxième exemple de détection et de suivi des 3 points de fuite orthogonaux et de leurs lignes associées dans une séquence de 468 images.

CHAPITRE 4. ESTIMATION DE L'ORIENTATION DE LA CAMÉRA

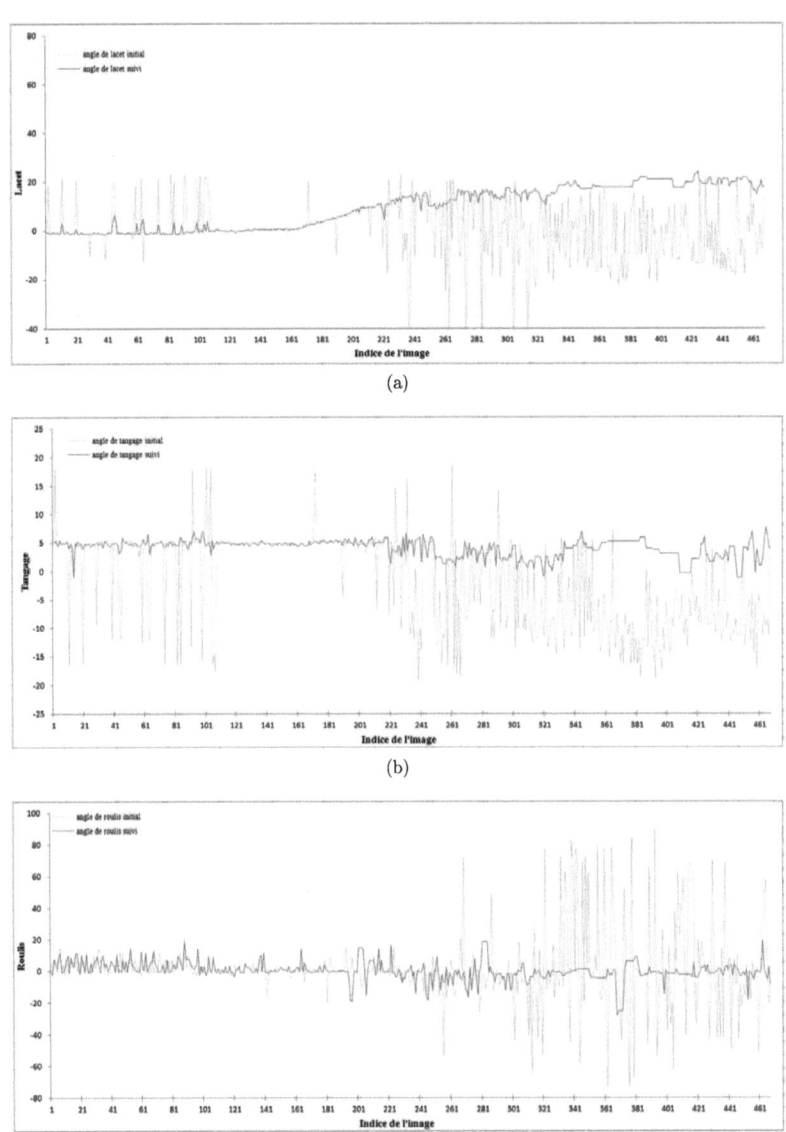

FIGURE 4.20: Comparaison de l'évolution des angles du lacet (a), tangage (b) et roulis (c) pour la deuxième séquence avant et après l'activation du suivi des points de fuite.

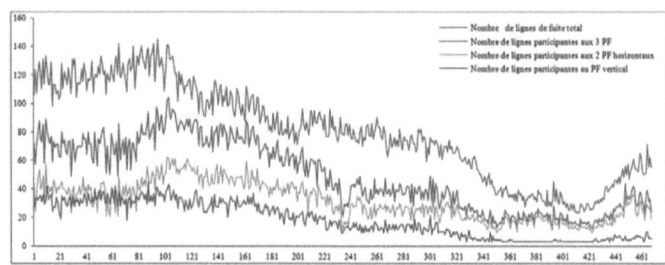

FIGURE 4.21: Evolution du nombre total de lignes de fuite extraites, du nombre de lignes participantes aux 3 points de fuite et du nombre de lignes associées respectivement aux 2 points de fuite horizontaux et au point de fuite vertical le long de la deuxième séquence Seq2.

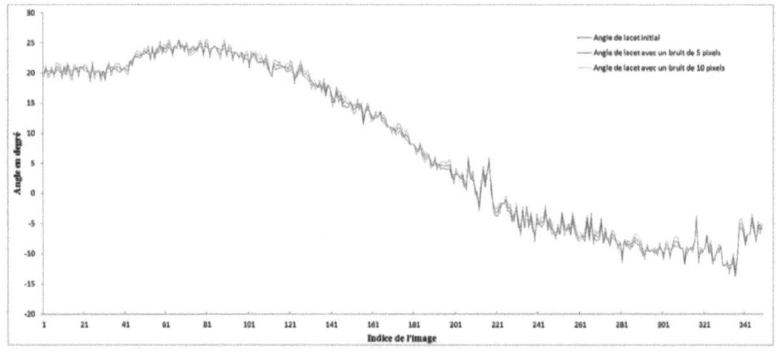

FIGURE 4.22: Performance en présence de bruit pour l'angle du lacet sur une séquence de 350 images : en bleu le suivi de l'angle du lacet initial, en rouge le suivi de l'angle du lacet avec un bruit de 5 pixels et en vert le suivi de l'angle du lacet avec un bruit de 10 pixels.

CHAPITRE 4. ESTIMATION DE L'ORIENTATION DE LA CAMÉRA

La performance de notre méthode a été validée sur des images réelles statiques fournies par la base *YUDB* et sur des séquences vidéo. Les résultats obtenus montrent que, bien que simple, la stratégie adoptée pour la sélection de trois points de fuite orthogonaux en conjonction avec RANSAC permet une estimation de l'orientation de la caméra plus précise comparée à une méthode analytique (*RNS*) et une approche d'accumulation (*ATIP*) de la littérature. De plus, le suivi des points de fuite le long des séquences vidéo a permis d'écarter les points aberrants et par conséquent d'améliorer la robustesse et la précision de l'estimation de l'orientation de la caméra. Enfin, les tests menés pour l'évaluation des temps de calcul ont montré que notre algorithme est bien dédié à des applications temps réel. En revanche, cet algorithme ne fournit pour l'instant que l'orientation de la caméra. Donc la question qui se pose, à ce stade, est comment peut-on exploiter cette information pour mettre en place un système de navigation pédestre ?

Chapitre 5

Mise en œuvre d'un système de localisation pédestre basé sur les points de fuite

5.1 Introduction

Dans les milieux urbains, les points de fuite constituent une information visuelle pertinente qui peut être exploitée dans plusieurs applications dont la localisation et l'aide à la navigation pédestre (cf section 3.3). Néanmoins, à ce jour, parmi les méthodes de localisation proposées dans la littérature il n'existe pas encore un système de localisation pédestre basé uniquement sur les points de fuite, excepté la méthode proposée par [Bazin et al., 2010] mais qui utilise une caméra catadioptrique.

Dans ce chapitre, nous détaillons la mise en œuvre d'un système de localisation pédestre s'appuyant sur la méthode de calcul de l'orientation de la caméra par trois points de fuite orthogonaux présentée dans le chapitre précèdent.

Ce chapitre sera organisé comme suit : dans la section suivante nous présentons un bref aperçu de l'approche proposée. Les sections 5.3 et 5.4 détailleront les différentes étapes des algorithmes d'apprentissage et de localisation. Enfin, la section 5.5 présentera l'évaluation de notre méthode ainsi que les tests expérimentaux menés.

5.2 Présentation de la méthode

Nous nous sommes inspirés de la méthode de localisation pédestre de type *SFM* (*Structure from motion*) présentée dans le chapitre 2 afin de proposer notre propre approche de localisation par vision monoculaire perspective basée sur les trois points de fuite orthogonaux. Tout comme l'approche *SFM* présentée dans le chapitre 2, notre méthode se déroule en deux phases à savoir l'apprentissage et la localisation.

L'étape d'apprentissage, comme son nom l'indique, consiste à apprendre la scène en détectant les primitives pertinentes présentes dans les images. Pour cela, une séquence vidéo de l'itinéraire souhaité est acquise puis traitée hors ligne image par image afin de détecter les trois points de fuite orthogonaux, et par conséquent, calculer l'orientation de la caméra dans chaque image. A l'issue de cette étape, on obtient une liste d'images clef, dont la méthode de sélection sera détaillée dans les sections suivantes, ainsi que l'orientation de la caméra dans chacune de ces images clef.

En phase de localisation, on commence par chercher pour chaque image, en provenance du flux vidéo de la caméra, son image homologue dans la liste des images clef de la séquence d'apprentissage. Ensuite, on calcule l'orientation de l'image courante à l'aide des trois points de fuite orthogonaux. La différence entre l'orientation de la caméra dans l'image courante et celle de référence (image clef la plus proche) nous permet alors de localiser le porteur de la caméra et, par conséquent, de le guider en lui envoyant des signaux vocaux pour le rapprocher de la trajectoire de référence s'il commence à s'en éloigner.

5.3 Algorithme d'apprentissage

Les différentes étapes de la stratégie d'apprentissage d'une trajectoire sont illustrées dans la figure 5.1.

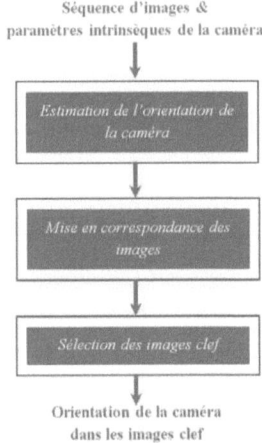

FIGURE 5.1: Système de localisation pédestre par l'orientation de la caméra : algorithme d'apprentissage

5.3.1 Calcul de l'orientation de la caméra

Cette étape consiste à calculer l'orientation de la caméra pour chaque image de la séquence d'apprentissage. Pour ce faire, nous utilisons la méthode basée sur les trois points de fuite orthogonaux présentée dans le chapitre précédent. Nous obtenons alors pour chaque image les trois angles d'Euler (Ψ, α, ρ) autour des trois axes de la caméra (x, y, z) qui représentent respectivement le tangage, le lacet et le roulis.

5.3.2 Mise en correspondance des images

Etant donné que la détection des points de fuite est essentiellement basée sur les lignes dominantes des contours de l'image (lignes de fuite), nous avons opté pour une méthode de mise en correspondance basée sur les contours. Pour cela, on calcule l'histogramme géométrique des contours (*PGH : Pair-wise Geometrical Histogram*) introduit par [Livarinen et al, 97]. Cette approche consiste à calculer, pour chaque paire de contours, l'angle entre les contours (qui représente les colonnes de l'histogramme) ainsi que les distances perpendiculaires minimale et maximale (qui constituent les lignes de l'histogramme) formant ainsi un descripteur de forme pour les objets polygonaux. Ensuite, on utilise la distance de Bhattacharyya donnée par l'équation 5.1 pour apparier les histogrammes *PGH* des images.

$$d_{Bhattacharyya}(H_1, H_2) = \sqrt{1 - \sum_i \frac{\sqrt{H_1(i).H_2(i)}}{\sqrt{\sum_i H_1(i).\sum_i H_2(i)}}} \qquad (5.1)$$

Cette équation génère un score d'appariement compris entre 0 et 1. Les bons appariements donnent des scores faibles et les mauvais appariements correspondent aux scores élevés. Par conséquent, deux images identiques auront un score d'appariement égal à 0 alors que deux images complètement différentes auront un score d'appariement égal à 1.

On note qu'il existe de nombreuses autres méthodes d'appariement dans la littérature mais il faut trouver le meilleur compromis entre robustesse et rapidité du temps de calcul. Par exemple une deuxième alternative serait d'utiliser les coins de Harris [Harris et Stephens, 1988] associés à la corrélation croisée tout comme présenté dans la section 2.4.1.

5.3.3 Sélection des images clefs

Dans une séquence vidéo acquise avec une cadence de 25 images par seconde, la différence ainsi que le mouvement entre deux images successives est négligeable. Afin de réduire le temps de calcul lors de la phase de localisation, il serait judicieux de sélectionner seulement les images les plus significatives, dites images clef, qui serviront comme images de référence dans l'étape de localisation. Pour ce faire, on considère deux critères : le score d'appariement des histogrammes PGH ainsi que la déviation angulaire entre les directions de visée de la caméra dans les images successives. On commence par sélectionner la première image de la séquence I_1 puis l'image suivante I_2 n'est sélectionnée que si le score d'appariement de son histogramme PGH avec celui de l'image I_1 est supérieur à un certain seuil δ_1 ou si la déviation angulaire entre les directions de la visée de la caméra dans les deux images est supérieure à un certain seuil δ_2. Cette procédure est répétée pour toutes les images de la séquence d'apprentissage. Nous précisons que, dans nos expériences, les deux seuils δ_1 et δ_2 sont fixés respectivement à 0.99 et 3° afin de sélectionner les images clef les plus éloignées que possible dans le flux vidéo tout en s'assurant qu'il n'y ait pas un mouvement important de la caméra entre deux images clef successives.

A l'issue de cette phase d'apprentissage, on obtient la liste des images clef sélectionnées ainsi qu'un fichier texte formaté contenant l'orientation de la caméra dans chacune de ces images. Une vue de dessus avec les images clef peut alors être déduite comme présentée dans la partie expérimentations.

5.4 Algorithme de localisation

Nous avons vu dans le chapitre 2 que le point critique de l'algorithme proposé est la mise en correspondance des primitives qui influencent beaucoup la précision et la qualité de la pose de la caméra calculée. Afin de s'affranchir de ce problème, nous proposons un algorithme de localisation basé seulement sur l'orientation instantanée de la caméra. En effet, plutôt que de fournir une pose (une position et une orientation) précise de la caméra, l'objectif de cet algorithme consiste, dans un premier temps, à estimer une position approximative de la caméra sur le trajet de référence en comparant l'image courante aux images clef et puis à exploiter les données fournies par la phase d'apprentissage en comparant les orientations de la caméra dans l'image courante et celle la plus proche afin de guider le porteur de la caméra. Cet algorithme se déroule en trois étapes principales comme le montre la figure 5.2.

5.4.1 Recherche de l'image la plus proche

Cette étape consiste à apparier l'image courante à son homologue la plus proche parmi les images clef de la séquence d'apprentissage et, par conséquent, à déduire une position approximative du porteur de la caméra le long du trajet de référence. La procédure utilisée ressemble à celle décrite dans la section 2.5.1. En effet, on utilise comme primitives les coins de Harris [Harris et Stephens, 1988] et la corrélation croisée comme descripteur. Les primitives détectées sur l'image courante sont alors appariées à celles détectées sur les images clef afin de former des listes de couples homologues (une liste pour chaque paire d'images). L'image clef dont la liste de couples donne le plus grand nombre d'inliers est considérée comme la plus proche à l'image courante.

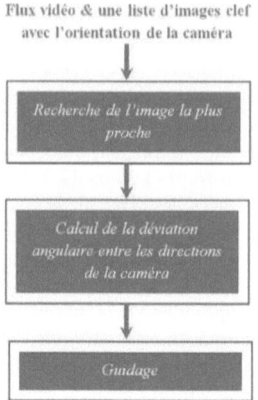

FIGURE 5.2: Système de localisation pédestre par l'orientation de la caméra : algorithme de localisation

L'identification des inliers, dans chaque liste de couples de points, se fait par le calcul de la géométrie épipolaire et plus précisément par l'estimation de la matrice fondamentale avec l'algorithme *LMEDS* [Zhang, 1998] comme présenté dans la section 2.7.1.

On note que, pour accélérer le temps de calcul, seulement la première image en provenance du flux vidéo (localisation initiale) est comparée avec toutes les images clef de la séquence d'apprentissage. Pour les autres images, la recherche de l'image la plus proche est limitée à une fenêtre de 5 images clef autour de la dernière image clef sélectionnée (2 images clef avant et 3 images clef après).

5.4.2 Calcul de la déviation angulaire entre les orientations de la caméra dans l'image courante et l'image clef

Une fois l'image de référence la plus proche identifiée, on procède au calcul de l'orientation de la caméra via l'algorithme des 3 points de fuite orthogonaux. Ainsi, les trois angles de rotation de la caméra (Ψ, α, ρ) peuvent être déduits ce qui permet d'obtenir la déviation angulaire entre les directions de la caméra dans les deux images. Pour cela, il suffit de calculer la différence entre le lacet de la caméra dans l'image courante α_i et celui dans l'image clef α_{Ci} par l'équation suivante :

$$\gamma_i = \alpha_{Ci} - \alpha_i \qquad (5.2)$$

Avec $\alpha_i, \alpha_{Ci}, \gamma_i \in \{0, \pi\}$. Cette déviation angulaire γ_i sera exploitée dans l'étape suivante de notre algorithme pour assurer le guidage du porteur de la caméra.

5.4.3 Guidage

L'objectif de cette étape est d'assurer le guidage de la direction du porteur de la caméra en le rapprochant le plus possible de la trajectoire de référence. En effet, la déviation angulaire de la direction de la caméra par rapport à sa position approximative calculée (image clef la plus proche) nous permet de savoir si le porteur de la caméra est sur la bonne direction ou bien s'il s'éloigne de la trajectoire de référence. Pour ce faire, nous avons mis en place un guidage par instruction qui consiste à émettre des messages de synthèse vocale au porteur de la caméra tout au long de son déplacement. Ces messages vocaux préenregistrés sont émis selon l'état de l'algorithme, pour signaler par exemple l'initialisation de l'algorithme, la fin de la trajectoire ou encore la perte du trajet de référence, et selon la direction du porteur de la caméra pour lui demander de continuer tout droit, tourner à droite ou tourner à gauche.

5.5 Tests expérimentaux

Dans cette partie, nous évaluons avec des données réelles la performance de l'approche de navigation proposée. Pour cela, nous commencerons par présenter notre prototype expérimental. Ensuite, nous détaillerons les tests menés pour la validation de notre algorithme dans ses deux phases.

5.5.1 Prototype expérimental

Tout comme dans la méthode de localisation *SFM*, présentée dans le chapitre 2, notre prototype expérimental est composé d'une caméra AVT GUPPY F-033C équipée d'un objectif de 3.5mm et raccordée à un PC portable (Intel Core 2 Duo 2.66GHz et 4096MB de RAM). La caméra est préalablement calibrée et les images sont acquises avec une résolution de 320×240 et une cadence de 25 images par seconde. La caméra est reliée au PC via un câble IEEE 1394 ce qui permet d'opérer en mode synchrone afin d'assurer un échange de données à haute vitesse et en temps réel. En revanche, la puissance des ports IEEE 1394 présents sur les PC portable est insuffisante pour alimenter une caméra. Pour cela nous avons rajouté une alimentation externe composée d'un jeu de 10 batteries NiMH 12V/2650mAh rechargeables.

5.5.2 Interface utilisateur

Notre système de navigation comporte deux interfaces utilisateur qui permettent de simplifier son utilisation et d'assurer un guidage visuel en plus du guidage vocal. La première interface est dédiée à l'acquisition et la sauvegarde des séquences vidéo lors de la phase d'apprentissage comme le montre la figure 5.3. La deuxième interface, représentée par la figure 5.4, est dédiée à la navigation et comporte les éléments suivants : la fenêtre supérieure pour l'initialisation des paramètres de l'algorithme, la fenêtre en bas

CHAPITRE 5. MISE EN ŒUVRE D'UN SYSTÈME DE LOCALISATION 100

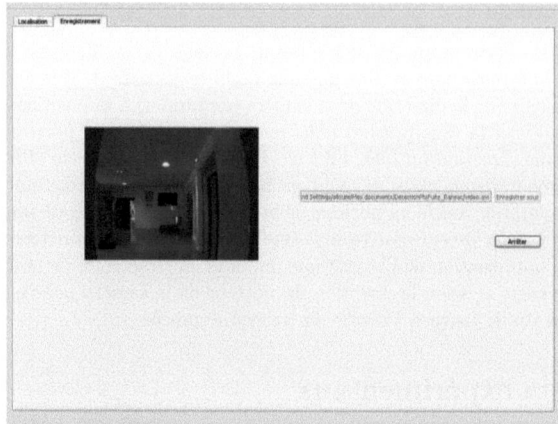

FIGURE 5.3: Interface d'acquisition vidéo.

à gauche pour l'affichage de l'image courante ainsi que celle de référence, une boîte de texte pour l'affichage de l'état de l'algorithme et la fenêtre principale pour l'affichage du résultat de navigation en vue de dessus avec l'orientation de la caméra (représentée en bleu), la trajectoire de référence (représentée en rouge) et l'image clef la plus proche (représentée en vert).

5.5.3 Validation expérimentale

Afin de pouvoir quantifier la chaîne de navigation ou de localisation, il faut disposer d'une vérité terrain fiable qui peut être obtenue par des dispositifs dédiés comme par exemple un GPS différentiel ou bien une centrale inertielle. Dans cette section nous présentons la méthode utilisée pour l'évaluation de notre système de navigation.

5.5.3.1 Méthode d'évaluation

Pour des raisons de coût et de temps nous avons décidé de construire notre propre vérité terrain en considérant pour chaque trajet une séquence vidéo de vérité terrain. Cette séquence d'images est acquise minutieusement en suivant un marquage au sol, l'orientation de la caméra dans chacune de ses images est calculée puis sauvegardée. Le scénario d'évaluation de notre approche peut être résumé par les étapes suivantes :
– Effectuer un marquage au sol du trajet à parcourir.
– Acquérir une séquence vidéo de vérité terrain.
– Réaliser plusieurs acquisitions en suivant le marquage au sol.

CHAPITRE 5. MISE EN ŒUVRE D'UN SYSTÈME DE LOCALISATION 101

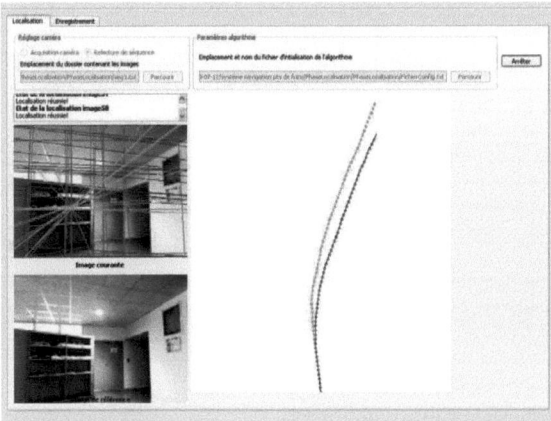

FIGURE 5.4: Interface de navigation.

- Calcul de l'orientation de la caméra dans chacune des images des séquences acquises.
- Comparaison des résultats obtenus par rapport à ceux de la séquence de la vérité terrain.

Afin de comparer l'orientation de la caméra dans les différentes acquisitions avec celle de la vérité terrain, nous nous sommes basés sur l'angle du lacet qui nous renseigne sur l'orientation de la caméra. En effet, nous proposons d'établir pour chaque séquence acquise une reconstruction de ses images sous forme d'une vue de dessus. La position de chaque image est calculée selon la déviation angulaire entre son orientation et celle de la première image de la séquence. Cette dernière est considérée comme étant l'origine du repère. Ainsi nous obtenons l'évolution de l'orientation de la caméra, tout au long du trajet parcouru, par rapport à la première image.

Echelle de représentation graphique Pour présenter la trajectoire parcourue par la caméra lors de son déplacement en vue de dessus, on commence par fixer l'origine du repère de représentation sur la première image. L'axe des abscisses x a la même direction que l'axe des abscisses du repère de l'écran (de gauche à droite) et l'axe des ordonnées y est l'opposé de l'axe des ordonnées de l'écran (du bas vers le haut). Ensuite, pour représenter les images suivantes, on considère une vitesse de déplacement constante de la caméra. La position de la caméra i est alors calculées à partir de la position précédente par le système suivant :

$$\begin{cases} x_i = x_{i-1} + \sigma \tan(\beta_i) \\ y_i = y_{i-1} - \sigma \end{cases} \quad (5.3)$$

avec σ est la distance en pixels qui sépare deux images successives dont la valeur dépend du nombre d'images de la séquence et β_i est la déviation angulaire (le lacet) entre la première image et l'image i. σ et β_i sont respectivement calculés par les équations 5.4 et 5.5 :

$$\sigma = y_{max} - y_0/N \quad (5.4)$$

avec y_{max} la dimension fixée pour la vue de dessus, y_0 l'ordonnée de la position de la première image de la séquence et N le nombre total d'images de la séquence.

$$\beta_i = \alpha_i - \alpha_0 \quad (5.5)$$

5.5.3.2 Exploration du monde réel

Dans cette section, nous présentons les résultats obtenus par notre méthode sur des données réelles pour deux trajets en intérieur parcourus dans les locaux de notre laboratoire comme le montre la figure 5.5. Pour chaque trajet, nous avons acquis 4 séquences d'images différentes. La première séquence vidéo (seq1) constitue la vérité terrain, la deuxième (seq2) est acquise dans les mêmes conditions que la première (même vitesse de navigation en suivant le marquage au sol), la troisième séquence (seq3) est acquise avec une vitesse de navigation plus rapide que les deux premières et la dernière (seq4) est acquise en s'écartant de la trajectoire marquée au sol (environ 25 cm).

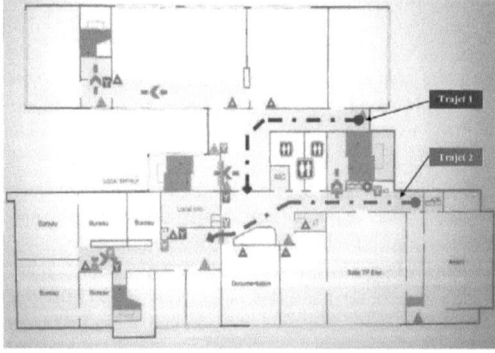

FIGURE 5.5: Plan du 3éme étage du bâtiment de l'école polytechnique d'Orléans site Galilée avec les deux trajets parcourus.

CHAPITRE 5. MISE EN ŒUVRE D'UN SYSTÈME DE LOCALISATION 103

Nom	Durée	Nombre d'images	Nombre d'images clef	vitesse
Seq1 (vérité terrain)	51s	1299 images	278 images	~40cm/s
Seq2	53s	1345 images	390 images	~37cm/s
Seq3	26s	669 images	159 images	~77cm/s
Seq4	49s	1228 images	362 images	~41cm/s

Tableau 5.1: Données relatives aux séquences du premier trajet (trajet 1)

Nom	Durée	Nombre d'images	Nombre d'images clef	vitesse
Seq1 (vérité terrain)	66s	1654 images	511 images	~38cm/s
Seq2	70s	1763 images	454 images	~36cm/s
Seq3	32s	818 images	278 images	~78cm/s
Seq4	69s	1736 images	516 images	~36cm/s

Tableau 5.2: Données relatives aux séquences du deuxième trajet (trajet 2)

Les informations relatives aux séquences d'images du trajet 1 et du trajet 2 sont décrites respectivement dans les tableaux 5.1 et 5.2. La distance parcourue dans le trajet 1 est environ 20m alors que le trajet 2 mesure environ 25m de long. Les figures 5.6, 5.7, 5.8 et 5.9 montrent les trajectoires de navigation obtenues avec notre approche pour chacune des quatre séquences du trajet 1. Les figures 5.10, 5.11, 5.12 et 5.13 correspondent aux trajectoires de navigation relatives au trajet 2. Pour chacune des séquences, on a représenté la trajectoire de navigation en vue de dessus. Les carrés rouges représentent la position de la caméra estimée à partir de son orientation dans la première image. Les carrés bleus représentent la position des images d'illustration, extraites de la séquence vidéo, sur la trajectoire de navigation. Les carrés verts présents sur la trajectoire de référence (vérité terrain) de chaque trajet, représentent la position des images clefs sélectionnées. On peut remarquer que, pour chacun des trajets, les trajectoires de navigation obtenues par les quatre séquences sont similaires. De plus, l'allure de ces trajectoires correspond bien à celle du marquage au sol pour les deux trajets représentés dans la figure 5.5. En revanche, on note une légère différence entre la trajectoire obtenue avec la séquence seq4 (pour les deux trajets) et celles obtenues avec les autres séquences. Ceci est dû au fait que la séquence seq4 a été acquise en s'écartant de la trajectoire de référence marquée au sol.

5.5.3.3 Robustesse aux changements dans la scène

Cette expérience consiste à tester la performance de notre approche en présence de changements dans la scène. Ces changements consistent à déplacer des objets dans la scène et à modifier des conditions d'éclairage. Cette expérience a été réalisée pour deux trajets (trajet 3 et trajet 4) représentés sur la figure 5.14. Les séquences d'apprentissage ont été acquises le matin en présence de la lumière du jour et de la lumière artificielle

CHAPITRE 5. MISE EN ŒUVRE D'UN SYSTÈME DE LOCALISATION 104

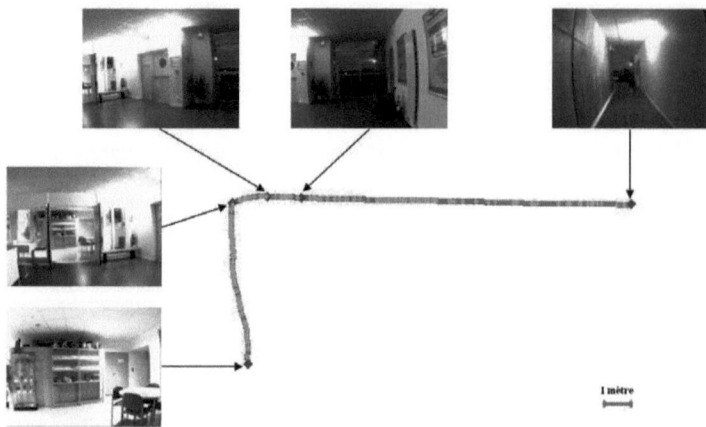

FIGURE 5.6: Trajectoire de navigation relative à la première séquence (seq1) du trajet 1.

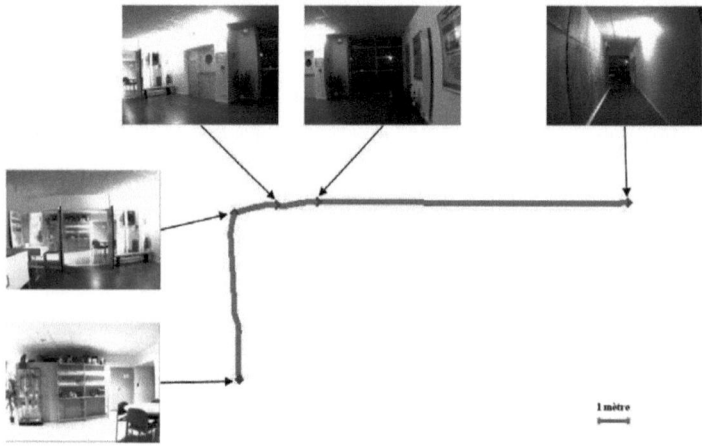

FIGURE 5.7: Trajectoire de navigation relative à la deuxième séquence (seq2) du trajet 1.

CHAPITRE 5. MISE EN ŒUVRE D'UN SYSTÈME DE LOCALISATION 105

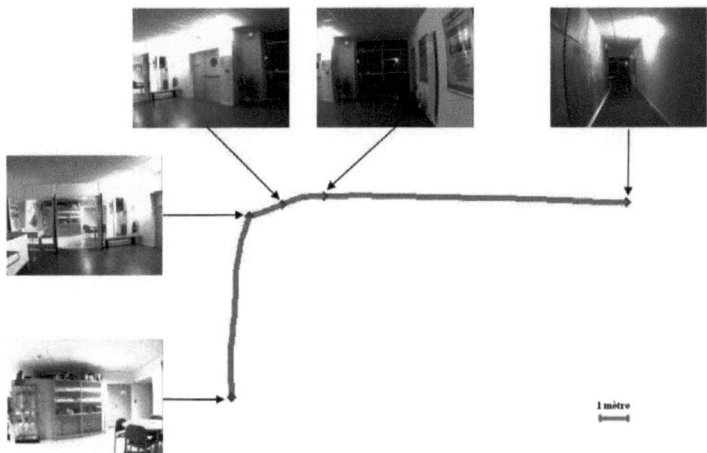

FIGURE 5.8: Trajectoire de navigation relative à la troisième séquence (seq3) du trajet 1.

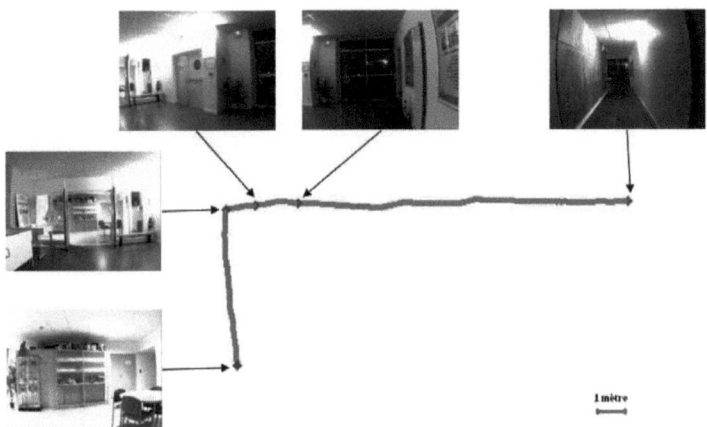

FIGURE 5.9: Trajectoire de navigation relative à la quatrième séquence (seq4) du trajet 1.

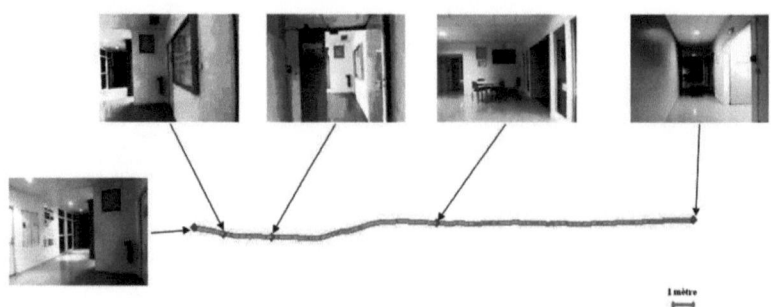

FIGURE 5.10: Trajectoire de navigation relative à la première séquence (seq1) du trajet 2.

FIGURE 5.11: Trajectoire de navigation relative à la deuxième séquence (seq2) du trajet 2.

CHAPITRE 5. MISE EN ŒUVRE D'UN SYSTÈME DE LOCALISATION 107

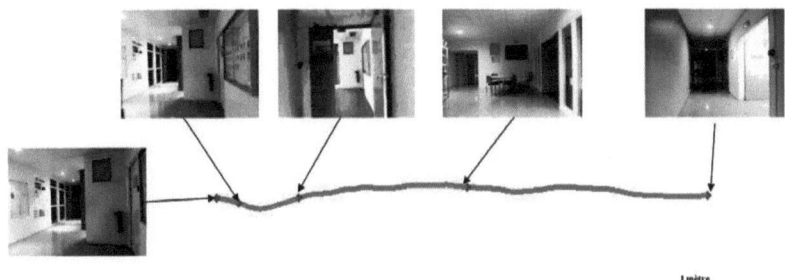

FIGURE 5.12: Trajectoire de navigation relative à la troisième séquence (seq3) du trajet 2.

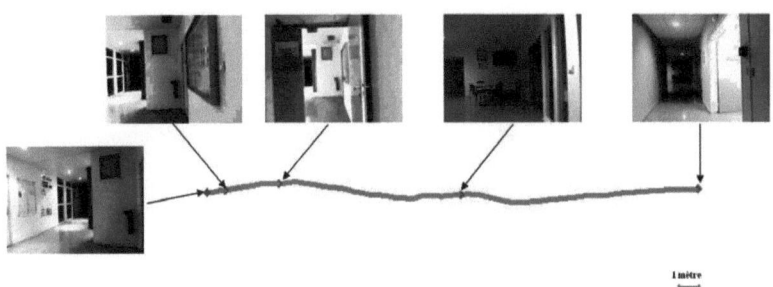

FIGURE 5.13: Trajectoire de navigation relative à la quatrième séquence (seq4) du trajet 2.

CHAPITRE 5. MISE EN ŒUVRE D'UN SYSTÈME DE LOCALISATION   108

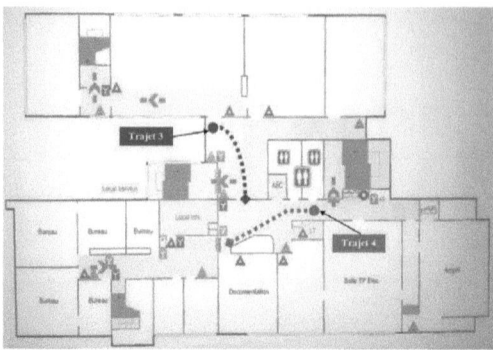

FIGURE 5.14: Plan du 3éme étage du bâtiment de l'école polytechnique d'Orléans site Galilée avec les trajets 3 et 4.

alors que les séquences de localisation ont été acquises le soir sous une lumière artificielle seulement. On note que, pour cette expérience, toutes les séquences ont été acquises sans marquage au sol. Les figures 5.15 et 5.16 permettent de se rendre compte des changements entre les scènes d'apprentissage et celles de localisation. Les figures 5.17 et 5.19 représentent les trajectoires de navigation relatives aux séquences d'apprentissage du trajet 3 et du trajet 4 respectivement.

Les résultats observés sur les figures 5.18 et 5.20 montrent que, malgré tous les changements entre scènes d'apprentissage et scènes de localisation, les trajectoires de navigation obtenues sont similaires et par conséquent que notre méthode tolère ce genre de perturbations. Cependant, on note que notre algorithme est plus sensible aux changements de luminosité qu'aux déplacements des objets dans la scène vu que tout le calcul de l'orientation de la caméra est basé sur les lignes de fuite détectées dans la scène. En effet, malgré l'étape d'égalisation de l'histogramme dédiée pour l'harmonisation de la répartition des niveaux de luminosité de l'image, une surexposition ou une sous-exposition de la caméra à la lumière peut entraîner une perturbation importante de la détection des lignes de fuite et par conséquent de l'estimation de l'orientation de la caméra.

5.5.3.4 Performance en temps de calcul

Les algorithmes d'apprentissage et de localisation ont été implémentés en C++. Pour la manipulation et le traitement des images, nous avons utilisé la bibliothèque OpenCV (*Open Source Computer vision library*) dans sa version 2.0. Concernant la gestion du flux vidéo, nous avons utilisé une librairie fournie avec la caméra. Enfin, pour le développement de l'interface graphique de notre système de navigation, nous

CHAPITRE 5. MISE EN ŒUVRE D'UN SYSTÈME DE LOCALISATION 109

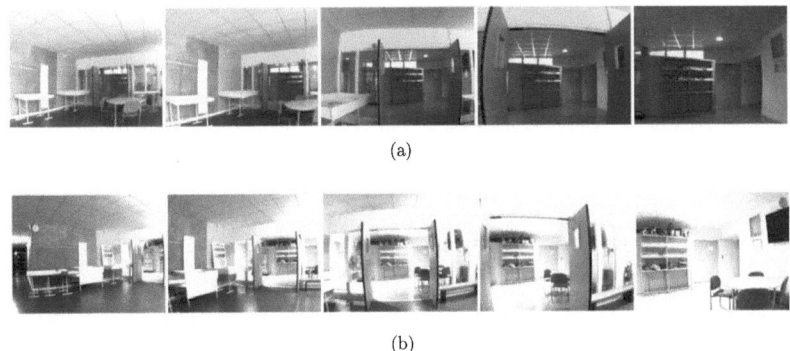

FIGURE 5.15: Illustration des changements dans la scène pour le trajet 3. (a) Images de la séquence d'apprentissage, (b) images de la séquence de localisation.

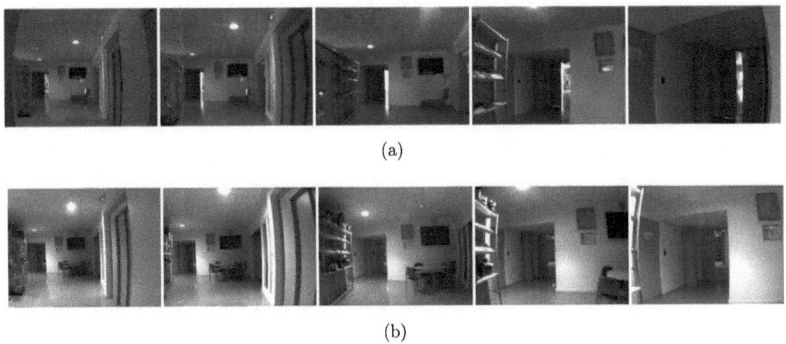

FIGURE 5.16: Illustration des changements dans la scène pour le trajet 4. (a) Images de la séquence d'apprentissage, (b) images de la séquence de localisation.

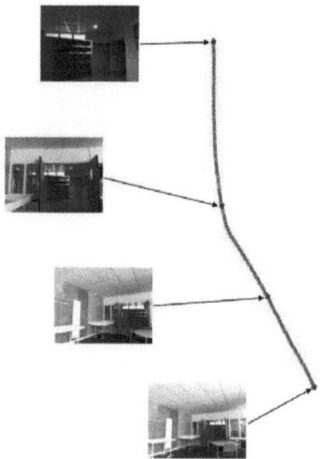

FIGURE 5.17: Trajectoire de navigation de la séquence d'apprentissage relative au trajet 3.

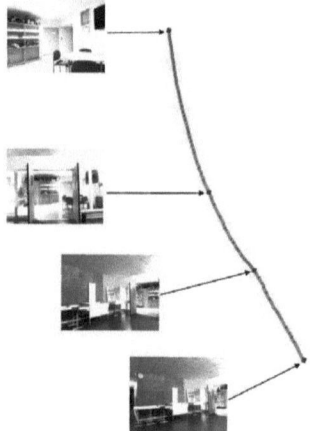

FIGURE 5.18: Trajectoire de navigation de la séquence de localisation relative au trajet 3.

CHAPITRE 5. MISE EN ŒUVRE D'UN SYSTÈME DE LOCALISATION 111

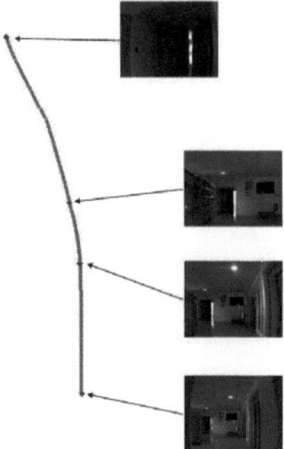

FIGURE 5.19: Trajectoire de navigation de la séquence d'apprentissage relative au trajet 4.

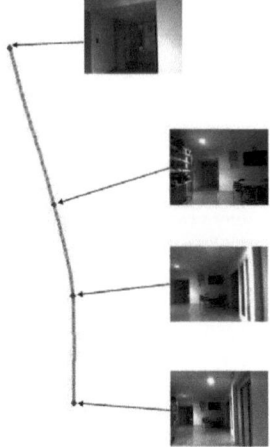

FIGURE 5.20: Trajectoire de navigation de la séquence de localisation relative au trajet 4.

Etape	temps de calcul
Pré-traitements	6 ms
Détection des points de fuite	14 ms
Estimation de l'orientation de la caméra	8 ms
recherche de l'image la plus proche	125 ms

Tableau 5.3: Répartition du temps de calcul pour l'algorithme de localisation

avons utilisé la librairie Qt dans sa version 4.6.2. Toutes ces librairies sont libres et multi-plateforme. Le temps de calcul moyen de la localisation est de l'ordre de 150 ms par image avec le code actuel, qui pourra encore être optimisé. La répartition du temps de calcul sur chacune des étapes de l'algorithme de localisation est indiquée dans le tableau 5.3 pour des images de taille 320×240 pixels et un processeur Intel Core 2 Duo 2.66GHz.

5.6 Conclusion

Dans ce chapitre, nous avons présenté une approche de navigation en intérieur basée sur les points de fuite. Tout comme les méthodes dites *SFM*, notre approche se déroule en deux étapes : une phase d'apprentissage (assurée hors ligne) et une phase de localisation. Elle consiste à estimer une position approximative du porteur de la caméra le long de la trajectoire de référence. Ensuite, de guider la personne en comparant les orientations de la caméra dans l'image de référence et l'image courante.

Bien que simple à mettre en œuvre, les résultats obtenus montrent que cette approche est efficace, au moins en intérieur pour l'instant, et opère en temps réel. De plus elle présente plusieurs avantages par rapport à la méthode de type SFM présentée dans le chapitre 2

(i) Aide à la navigation basée seulement sur l'orientation de la caméra.

(ii) L'orientation de la caméra est estimée à l'aide de 3 points de fuite orthogonaux ce qui permet de s'affranchir du problème de mise en correspondance qui est le problème majeur des méthodes *SFM*.

(iii) Les primitives utilisées dans cette approche (les lignes de fuite) sont moins sensibles aux mouvements brusques et aux changements de scènes que les primitives utilisées dans la méthode *SFM* (points d'intérêt).

(iv) La simplification des calculs de l'estimation de la pose de la caméra ce qui permet un temps de calcul plus rapide.

Conclusions et perspectives

Ce travail de thèse, réalisé dans le cadre du projet SYCLOP et cofinancé par la société HERON Technologies SAS et le Conseil Général du Loiret, a permis de traiter le sujet de localisation de personnes par vision monoculaire embarquée. La localisation constitue l'étape la plus importante dans la conception d'un système de navigation car elle peut influencer ses deux étapes de planification de la trajectoire et de guidage. Nous avons essayé de prendre en considération les contraintes liées à la navigation pédestre en étudiant les solutions déjà proposées dans la littérature et en s'appuyant sur les points forts de chacune d'entre elles. Les recherches menées dans cette thèse se sont focalisées sur la partie de la localisation pédestre à l'intérieur des bâtiments. Cette étude a donné lieu au développement d'une chaîne complète d'un système d'assistance à la navigation des personnes.

Dans ce qui suit, nous synthétisons les principales contributions apportées.

Bilan

Cette partie résume les points abordés tout au long de ce travail de thèse ainsi que les contributions apportées.

Transposition d'un algorithme de localisation en robotique mobile vers la navigation pédestre

L'étude bibliographique des systèmes de localisation pédestre menée au premier chapitre nous a permis de mettre en avant des contraintes à respecter dans le cas de la localisation pédestre par rapport à celles des robots ou des véhicules, d'étudier les deux types d'approches proposées dans la littérature (systèmes dépendants d'une infrastructure et systèmes autonomes) et des technologies utilisées dans chacune et, par conséquent, de faire nos choix méthodologiques pour la conception de notre propre système de localisation pédestre.

Cette revue de la littérature a été suivie par la mise en place d'un système de localisation par vision monoculaire embarquée inspiré des travaux de thèse d'Eric Royer en robotique mobile. Ce système opère en deux étapes : une phase hors ligne pour l'apprentissage et la modélisation tridimensionnelle de l'environnement et une phase

CHAPITRE 5. MISE EN ŒUVRE D'UN SYSTÈME DE LOCALISATION 114

en ligne pour la localisation du porteur de la caméra en temps réel sur l'itinéraire de référence. Tout au long du trajet, nous avons ainsi accès à la position et à l'orientation de la personne (6 ddl). De plus il est indépendant de tout aménagement public.

L'évaluation de ce système dans le cas pédestre a montré des décrochages dans le calcul de la pose instantanée vis-à-vis la trajectoire de référence lors des mouvements brusques de grande amplitude de la caméra. Afin de bien étudier ce point critique qui est dû à l'échec de l'étape la mise en correspondance, nous avons mené une étude comparative des descripteurs les plus référencés dans la littérature sur des séquences qui présentent différents mouvements de la caméra.

Cette étude comparative nous a permis de conclure que le problème de mise en correspondance persiste même avec les descripteurs les plus robustes comme SIFT. Ceci nous a amené à chercher une alternative pour pallier ce problème difficile et récurrent dans le domaine de la vision par ordinateur.

Estimation de l'orientation de la caméra avec 3 points de fuite orthogonaux

La solution alternative étudiée repose sur l'exploitation des points de fuite. Son grand avantage est qu'elle permet de calculer l'orientation de la caméra avec une seule vue en s'affranchissant de toute mise en correspondance. Après avoir passé en revue les différents travaux relatifs à la détection des points de fuite et leurs applications dans le chapitre 3, nous avons pu faire nos choix méthodologiques pour la conception et la mise en place d'une approche d'estimation de l'orientation de la caméra avec 3 points de fuite orthogonaux seulement. L'approche adoptée opère dans l'espace image, et utilise les segments de droite comme primitives. L'algorithme RANSAC permet une classification des lignes et une estimation robustes des points fuite. La seule contrainte de cette approche est qu'elle n'est opérationnelle que dans les scènes urbaines de type « Manhattan world », hypothèse souvent vérifiée dans notre cas d'application de navigation urbaine.

Afin d'améliorer la robustesse de notre algorithme, nous avons introduit une stratégie pertinente de sélection des 3 points de fuite orthogonaux qui sépare la détection des points de fuite finis et infinis les plus distants.

Notre approche a d'abord été validée sur des images réelles de la base YUDB en considérant la précision des estimations de l'orientation de la caméra vis-à-vis de la vérité terrain fournie avec cette base. Les résultats obtenus ont montré que la stratégie adoptée pour la sélection des 3 points de fuite orthogonaux permet d'améliorer la précision comparée à deux autres méthodes récentes de la littérature dont une accumulative (ATIP) et l'autre analytique (RNS). Ensuite, nous avons étendu notre algorithme pour l'appliquer à des séquences vidéo. Pour ce faire, nous avons introduit un suivi des points de fuite le long des séquences vidéo ce qui a permis d'écarter les points de fuite aberrants et par conséquent d'améliorer la robustesse du calcul de l'orientation de la caméra comme cela est démontré par les tests menés sur des séquences réelles.

CHAPITRE 5. MISE EN ŒUVRE D'UN SYSTÈME DE LOCALISATION 115

Mise en œuvre d'une solution de localisation indoor par point de fuite

Un autre apport de cette thèse est la mise en place d'une nouvelle technique de localisation pédestre basée sur les points de fuite en exploitant seulement l'orientation de la caméra. Notre approche se déroule en deux étapes : une étape d'apprentissage qui consiste à définir un itinéraire de référence, par la sélection d'images clefs pour lesquelles l'orientation de la caméra est calculée puis mémorisée. Ensuite, lors de la phase de localisation, la position du porteur de la caméra est estimée en comparant les orientations de la caméra dans l'image courante et dans des images clef. Cette méthode de localisation, plus approximative et qualitative que la méthode du chapitre 2, a l'avantage de s'affranchir du problème de la mise en correspondance et permet de faire un calcul de position en temps réel.

Perspectives

Plusieurs améliorations et perspectives peuvent s'envisager dans la continuité des travaux menés dans cette thèse. Ces perspectives peuvent être réparties en deux catégories : la première englobe ceux qui sont en rapport avec les aspects fondamentaux et expérimentaux du travail développé et la deuxième catégorie contient ceux qui sont en liaison avec les objectifs du projet SYCLOP.

Perspectives en rapport avec les aspects fondamentaux et expérimentaux du travail développé

Dans l'état actuel des travaux, la méthode proposée peut être considérée comme une approche de localisation qualitative basée seulement sur l'orientation de la caméra. Le nombre d'expérimentations menées dans le dernier chapitre pour l'évaluation du système de localisation basé sur les points de fuite reste limité, en particulier en ce qui concerne les performances de la localisation (sensibilité et précision). Nous ne sommes pas encore capables de fournir des métriques pour évaluer l'écart latéral entre le cheminement réel du porteur de caméra et la trajectoire de référence.

Comme l'approche par points de fuite ne fournit que l'orientation de la caméra (3 ddl), notre estimation de la position est dérivée de façon approximative à partir de la position précédente, en supposant une vitesse de cheminement constante. La vitesse du porteur pouvant varier au cours de son trajet, une amélioration serait d'estimer et mettre à jour sa vitesse instantanée par des capteurs additionnels comme un podomètre ou des accéléromètres.

De même, des accéléromètres pourraient permettre de valider la verticalité de la caméra, qui sert dans la phase de détection des points de fuite. L'autre point critique de la phase de détection est le réglage des seuils pour l'extraction des contours et des lignes dominantes. Dans nos expérimentations, les seuils ont été réglés manuellement puis maintenus constants au cours de la séquence. Il serait intéressant d'utiliser un réglage automatique.

En phase de localisation, l'étape la plus gourmande en temps de calcul est la recherche de l'image clef la plus proche, même en se limitant à une fenêtre de 5 images. L'exploitation de méthodes d'indexation d'images permettrait sans doute d'augmenter la réactivité de notre système. Parmi les autres améliorations possibles de notre système de localisation on peut citer la détection des boucles (reconnaissance des endroits déjà visités par l'utilisateur) qui reste une capacité très intéressante pour tout système de navigation.

Enfin, il faudrait encore développer les expérimentations pour mieux analyser le comportement de la méthode de localisation par points de fuite selon les situations : couloir resserré, espace ouvert (hall large), etc, et tester des trajectoires plus longues. Ce genre d'expériences conduirait certainement à l'identification de nouveaux problèmes à résoudre. Une coopération entre les deux approches (SFM et points de fuite) pourrait éventuellement s'avérer pertinente ?

Perspectives en rapport avec les objectifs du projet

Le contexte du projet SYCLOP est de développer un système d'assistance à la navigation pour les personnes malvoyantes. L'exploitation de l'approche de localisation par points de fuite pour un guidage des personnes en environnement intérieur devra être affinée et testée en situation réelle, en variant les environnements : couloir ou hall. En effet, quand on doit guider une personne, on lui donne généralement des consignes du type « suivre le couloir », « prendre à gauche ou à droite », mais on se perd plus facilement dans un hall que dans un couloir... L'efficacité du guidage ne repose pas seulement sur la précision et la fiabilité de la localisation mais aussi sur la pertinence et la justesse des consignes délivrées au porteur. Les critères d'évaluation d'un guidage sont donc multiples : précision avec laquelle l'utilisateur suit l'itinéraire prévu, la vitesse de cheminement, la fiabilité et ergonomie du système, etc. Ces tests sont envisagés dans le cadre d'un nouveau projet AZIMUT en collaboration avec le Laboratoire d'Informatique de Tours qui vise à associer plusieurs technologies (caméras de surveillance, vision embarquée et balises communicantes par radio fréquences) pour proposer un guidage à l'intérieur d'un bâtiment adapté à une personne selon son type de handicap pour se rendre à sa destination.

Dans ce but, il faut envisager la réalisation d'un démonstrateur en privilégiant les terminaux mobiles de type "smartphones", dont les derniers modèles permettent des commandes vocales, intègrent de nombreux protocoles de communication sans fil (GPRS/EDGE/3G+, WiFi, Bluetooth), un récepteur GPS et des accéléromètres, avec des capacités de mémoires toujours croissantes. En effet, la meilleure démarche aujourd'hui consiste à sélectionner des produits disponibles pour le grand public et à les enrichir pour d'autres usages au profit des personnes handicapées. Cette stratégie présente l'avantage de réduire considérablement le coût des produits vis-à-vis des systèmes dédiés au handicap trop sophistiqués, dont la diffusion commerciale est peu crédible et qui n'assurent pas une bonne intégration du handicap dans la société. Le téléphone mobile, en particulier, est ainsi amené à jouer un rôle majeur dans l'aide technique pour les personnes handicapées car il constitue un moyen de communication, d'alerte et d'assistance incomparable.

Bibliographie

[Agrawal et Konolige, 2006] Agrawal, M., and Konolige, K. (2006). Real-time localization in outdoor environments using stereo vision and inexpensive gps. In Intl. Conf. of Pattern Recognition (ICPR).

[Agrawal et Konolige, 2007] Agrawal, M., and Konolige, K.. (2007). Rough terrain visual odometry. In Proc. International Conference on Advanced Robotics (ICAR).

[Aguilera et al., 2005] Aguilera, D. et Gomez Lahoz, J. and Finat Codes, J. (2005). A new method for vanishing points detection in 3d reconstruction from a single view. In ISPRS Commission V, WG V/2, Mestre (Venice).

[Almansa et al., 2003] Almansa, A., Desolneux, A. et Vamech, S. (2003). Vanishing point detection without any a priori information. IEEE Transactions on Pattern Analysis and Machine. Intelligence, 25(4) :502–507.

[Alon et al., 2006] Alon, Y., Ferencz, A. et Shashua, A. (2006). Off-road path following using region classification and geometric projection constraints. In CVPR '06 : Proceedings of the 2006 IEEE Computer Society Conference on Computer Vision and Pattern Recognition, pages 689–696, Washington, DC, USA. IEEE Computer Society.

[Antone et Teller, 2000] Antone, M. E. and Teller, S. (2000). Automatic recovery of relative camera rotations for urban scenes. In Proceedings of the International Conference on Computer Vision and Pattern Recognition (CVPR), volume 2, pages 282–289, Hilton Head Island, SC, USA.

[Antolovic et al., 2005] Antolovic, D., Leykin, A. and Johnson, S. (2005). Vanishing Point : a Visual Road-Detection Program for a DARPA Grand Challenge Vehicle. Technical report, TR622 Computer Science Department, Indiana University.

[Araújo et al., 1998] Araújo, H., Carceroni, R.J. and Brown, C.M. (1998). A fully projective formulation to improve the accuracy of Lowe's pose

BIBLIOGRAPHIE

estimation algorithm. Computer Vision and Image Understanding, 70(2) :227.238.

[Avinash et Murali, 2008] Avinash, N., Murali, S. (2008). Perspective Geometry Based Single Image Camera Calibration. Journal of Mathematical Imaging and Vision, 30(3). Springer, 221–230.

[Aycard et al., 1997] Aycard, O., Charpillet, F., Fohr, D., and Mari, JF. (1997). Place learning and recognition using hidden markov models. In IEEE/RSJ Intl. Conf. on Intelligent Robots and Systems (IROS), pages 1741–1746.

[Barinova et al., 2007] Barinova O, Kuzmishkina A, Vezhnevets A, Vezhnevets V.. (2007). Learning class specific edges for vanishing point estimation. In Proceedings of Graphicon, pages 162-165.

[Barinova et al., 2010a] Barinova, O., Lempitsky, V., Kohli, P.. (2010). On detection of multiple object instances using hough transforms. In : CVPR.

[Barinova et al., 2010b] Barinova, O., Lempitsky, V., Tretiak, E. and Kohli, P.. (2010). Geometric Image Parsing in Man-Made Environments. In European Conference on Computer Vision.

[Barnard, 1983] Barnard, S. T. (1983). Interpreting perspective images. Artificial Intelligence, 21(4) :435–462. Elsevier Science B.V.

[Bay et al., 2006] Bay, H., Tuytelaars, T., Van Gool, L. (2006). SURF : Speeded Up Robust Features, ECCV.

[Bazin et al., 2010] Bazin, J.C., Demonceaux, C., Vasseur, P., Kweon, I.. (2010). Motion estimation by decoupling rotation and translation in catadioptric vision. Computer Vision and Image Understanding, pp. 254-273.

[Beardsley et Murray, 1992] Beardsley, P. and Murray, D. (1992). Camera calibration using vanishing points. In British Machine Vision Conference (BMVC92), pages 416–425.

[Benallal, 2002] Benallal, M.. (2002). Système de calibration de caméra : localisation de forme polyédrique par vision monoculaire. Thèse de doctorat, Ecole des Mines de Paris.

[Bibby et Reid, 2007] Bibby, C., and Reid, I.. (2007). Simultaneous localisation and mapping in dynamic environments (SLAMIDE) with reversible data association. In Proceedings of Robotics : Science and Systems (RSS).

[Bouguet, 2006] Bouguet, J.Y. (2006). Camera Calibration Toolbox for Matlab. http ://www.vision.caltech.edu/bouguetj/calib_doc/.

[Boulanger et al., 2006] Boulanger, K., Bouatouch, K. et Pattanaik, S. (2006). Atip : A tool for 3d navigation inside a single image with automatic camera calibration. In EG UK conference on Theory and Practice of Computer Graphics.

[Brillault-O'Mahony, 1991] Brillault-O'Mahony, B. (1991). New method for vanishing point detection. Journal of Computer Vision, Graphics and Image Processing, 54(2) :289–300.

[Canny, 1986] Canny, J. (1986). A computational approach to edge detection. IEEE Transactions on Pattern Analysis and Machine Intelligence (PAMI), 8(6) :679–698.

[Cantoni et al., 2001] Cantoni, V., Lombardi, L., Porta, M. & Sicard, N.. (2001). Vanishing Point Detection : Representation Analysis and New Approaches. Proceedings of ICIAP 2001, pp. 90-94.

[Caprile et Torre, 1990] Caprile, B. and Torre, V. (1990). Using vanishing points for camera calibration. International Journal of Computer Vision (IJCV), 4 :127–140.

[Cipolla et al., 1999] Cipolla, R., Drummond, T., and Robertson, D. (1999). Camera calibration from vanishing points in images of architectural scenes. In Proceedings of the British Machine Vision Conference (BMVC), volume 2, pages 382 391, Nottingham, UK.

[Civera et al., 2009] Civera, J., Grasa, O., Davison, A. J., and .Montiel, J. M. M. (October 2009). 1-point RANSAC for EKFbased structure from motion. In Proceedings of the IEEE International Conference on Intelligent Robots and System (IROS).

[Cobzas et al., 2003] Cobzas, D., Zhang, H., and Jagersand, M. (2003). Imagebased localization with depth-enhanced image map, In International Conference on Robotics and Automation.

[Collins et Weiss, 1990] Collins, R. T. and Weiss, R. S. (1990). Vanishing point calculation as statistical inference on the unit sphere. In Proceedings of the 3rd International conference on Computer Vision (ICCV), pages 400–403.

[Coughlan et Yuille, 1999] Coughlan, J. M. and Yuille, A. L.. (1999). Manhattan world : Compass direction from a single image by Bayesian inference. In Proceedings of the International Conference on Computer Vision (ICCV), volume 2, pages 941–947, Corfu, Greece. IEEE.

[Criminisi et al., 1999] Criminisi, A., Reid, I. et Zisserman, A.. (1999). Single view metrology. International Journal of Computer Vision, 40 :123–148.

[Cunningham et al., 2012] Cunningham A., Wurm K. M., Burgard W. and Dellaert F. (May 2012). Fully Distributed Scalable Smoothing and Mapping with Robust Multi-robot Data Association, IEEE International Conference on Robotics and Automation.

[Danilidis et Ernst, 1996] Danilidis, K. and Ernst, J.. (1996). Active intrinsic calibration using vanishing points, in Pattern Recognition Letters, Vol. 17, No. 11, pp. 1179-1189.

[Davison, 2003] Davison, A. J. (October 2003). Real-Time Simultaneous Localisation and Mapping with a Single Camera, In 9th International Conference on Computer Vision, pp. 1403-1410.

[Davison et al., 2007] Davison, A. J., Molton, N. D., Reid, I. and Stasse, O. (2007). MonoSLAM :Real-time single camera SLAM, IEEE Transactions on Pattern Analysis and Machine Intelligence (PAMI), Vol. 29(6), pp. 1052–1067.

[Dellaert, 2012] Dellaert F. (September 2012). Factor Graphs and GTSAM : A Hands-on Introduction. Technical Report GT-RIM-CP&R-2012-002. https ://collab.cc.gatech.edu/borg/gtsam/.

[Deutscher et al., 2002] Deutscher, J., Isard, M., MacCormick, J. (2002). Automatic camera calibration from a single Manhattan image. Lecture Notes in Computer Science, Springer, 175–188.

[Dissanayake et al., 2001] Dissanayake, G., Newman, P. M., Durrant-Whyte, HF., Clark, S. & Csorba, M. (May 2001). A solution to the simultaneous localization and map building (SLAM) problem, IEEE-Transaction on Robotic and Automation, Vol. 17, pp. 229–241.

[Duda et Hart] Duda, R. and Hart, P. (1972). Use of the hough transform to detect lines and curves in pictures. Comm ACM, Vol. 15, pp. 11 - 15.

[Elloumi et al., 2010] Elloumi W., Treuillet S. and Leconge R., Fonte A., (2010). Performance evaluation of point matching methods in video sequences with abrupt motions. International Conference on Computer Vision Theory and Applications (VISAPP), Angers, France.

[Ertan et al., 1998] Ertan, S., Lee, C., Willets, A., Tan, H., and Pentland, A. (1998). A wearable haptic navigation guidance system. In Proc, Second International Symposium on Wearable Computers, pp. 164–165.

[Faugeras et al., 1992] Faugeras, O.D., Luong, Q.-T. and Maybank, S.J. (1992). Camera Self-Calibration : Theory and Experiments. ECCV 1992, Lecture Notes in Computer Science, Santa Margherita Ligure, Italie, vol. 588, n° , p. 321-334.

[Folkesson et Christensen, 2004] Folkesson J., and Christensen H. (2004). Graphical SLAM - a self-correcting map. IEEE International Conference on Robotics and Automation, ICRA '04, vol. 1, pp. 383-390.

BIBLIOGRAPHIE

[Förstner, 2010]   Förstner, W.. (2010). Optimal vanishing point detection and rotation estimation of single images from a legoland scene. In Proceedings of the ISPRS Symposium Commision III PCV, Paris. S. 157-163, Part A.

[Gallagher, 2002]   Gallagher, A. C. (2002). A ground truth based vanishing point detection algorithm. Pattern Recognition, 35 :1527–1543.

[Gallagher, 2005]   Gallagher, A. C. (2005). Using vanishing points to correct camera rotation in images. In The 2nd Canadian Conference on Computer and Robot Vision (CRV2005), pages 460– 467.

[Gay Bellile et al., 2010] Gay Bellile, V., Tamaazousti, M., Dupont, R., Naudet Collette, S. (May 2010). A vision-based hybrid system for real-time accurate localization in an indoor environment, International Conference on Computer Vision Theory and Applications (VISAPP).

[Gilliéron et al., 2004] Gilliéron, PY., Daniela Büchel, D., Spassov, I., Merminod, B. (2004). Indoor Navigation Performance Analysis, ENC GNSS.

[Gluckman et Nayar, 1998] Gluckman, J. and Nayar, S. K. (1998). Ego-motion and omnidirectional cameras. In ICCV '98 : Proceedings of the Sixth International Conference on Computer Vision, page 999, Washington, DC, USA. IEEE Computer Society.

[Goedemé et al., 2007] Goedemé, T., Nuttin, M., Tuytelaars, T., and Gool, L. V. (2007). Omnidirectional vision based topological navigation. Int. J. Comput. Vision, 74(3) :219–236.

[Gracie, 1968]   Gracie, G. (1968). Analytical photogrammetry applied to single terrestrial photograph mensuration. In XIth International Conference of Photogrammetry, Lausanne, Switzerland. The International Society for Photogrammetry and Remote Sensing.

[Grammatikopoulos et al., 2003] Grammatikopoulos, L., Karras, G., and Petsa, E. (2003). Camera calibration approaches using single images of man-made objects. In Proceedings of the XIX CIPA International Symposium, pages 328–332, Antalya, Turkey.

[Grammatikopoulos et al., 2006] Grammatikopoulos, L., Karras, G., Petsa, E. et Kalisperakis, I.. (2006). A unified approach for automatic camera calibration from vanishing points, volume XXXVI de 5. International Archives of the Photogrammetry, Remote Sensing and Spatial Information Sciences.

[Grunert, 1841]   Grunert, J. A. (1841). Das pothenotische problem in erweiterter gestalt nebst über seine anwendungen in der geodäsie. Grunerts archiv für mathematik und physik, (1) :238–248.

[Guillou et al., 2000] Guillou, E., Meneveaux, D., Maisel, E., Bouatouch, K.. (2000). Using vanishing points for camera calibration and coarse 3D reconstruction from a single image. The Visual Computer, 16(7). Springer-Verlag, 396–410.

[Guivant et Nebot, 2001] Guivant, J. & Nebot, E. (June 2001). Optimization of the Simultaneous Localization and map Building Algorithm for Real Time Implementation, IEEE Transactions on Robotics and Automation, Vol. 17, pp. 242–257.

[Guru et al., 2004] Guru, D. S., Shekar, B. H., and Nagabhushan, P. (2004). A simple and robust line detection algorithm based on small eigenvalue analysis. Pattern Recognition Letters, 25(1) :1–13.

[Gutierrez-Osuna et Luo, 1996] Gutierrez-Osuna, R., and Luo, R. C. (1996). LOLA : Probabilistic navigation for topological maps. AI Magazine, 17(1) :55–62.

[Haralick et al., 1994] Haralick, R., Lee, C., Ottenberg, K. and Nolle, M. (1994). Review and analysis of solutions of the three point perspective pose estimation problem. International Journal of Computer Vision, 13(3) :331.356.

[Harris et Stephens, 1988] Harris, C., and Stephens, M. (1988). A combined corner and edge detector. In Alvey Vision Conference, pages 147151.

[Hartley, 1992] Hartley, R. (1992). Estimation of Relative Camera Positions for Uncalibrated Cameras. ECCV'92 - Lecture Notes in Computer Science, vol. 588, n° , p. 579-587.

[Hartley et Zisserman, 2000] Hartley, R. and Zisserman, A. (2000). Multiple view geometry in computer vision. Cambridge University Press.

[Helal et Moore, 2001] Helal, A., Moore, S., and Ramachandran, B. (October 2001). Drishti : An Integrated Navigation System for Visually Impaired and Disabled. Proceedings of the 5th International Symposium on Wearable Computer.

[Hesch et Roumeliotis, 2007] Hesch, J.A., Roumeliotis, S.I. (April 2007). An Indoor Localization Aid for the Visually Impaired. In Proc. 2007 IEEE International Conference on Robotics and Automation (ICRA'07).

[Hough, 1962] Hough, P. (1962). Method and means for recognizing complex patterns. Brevet US 3 069 654.

[Hu et al., 2006] Hu, J., You, S., and Neumann., U.. (2006). Vanishing Hull. In 3DPVT '06 : Proceedings of the Third International Symposium on 3D Data Processing, Visualization, and Transmission (3DPVT'06), pages 448-455.

[Hwangbo et Kanade, 2011] Hwangbo, M., Kanade, T.. (2011). Visual-inertial UAV attitude estimation using urban scene regularities. In ICRA, pp. 2451-2458.

[Kalantari et al., 2009] Kalantari, M., Jung, F. and Guédon, J.P.. (2009). Precise, automatic and fast method for vanishing point detection. In The Photogrammetric Record, Volume 24, Number 127, pp. 246-263(18).

[Kalantari et al., 2011] Kalantari, M., Hashemi, A., Jung, F. and Guédon, J.P. (2011). A New Solution to the Relative Orientation Problem Using Only 3 Points and the Vertical Direction. Journal of Mathematical Imaging and Vision archive Volume 39 Issue 3.

[Kanatani, 1996] Kanatani, K. (1996). Statistical optimization for geometric computation. Elsevier.

[Kanatani et Onodera, 1990] Kanatani, K. et Onodera, Y. (1990). Camera calibration by computational projective geometry. In MVA, pages 363–366.

[Karner et al., 2002] Karner, K., Bauer, J., Klaus, A., Schindler, K. (2002). Metropogis : a city information system. In Proceedings of IEEE Intern.Conf.on Image Processing.

[Karras et Petsa, 1999] Karras, G. and Petsa, E. (1999). Metric information from single uncalibrated images. In Proceedings of the XVII CIPA International Symposium, Olinda, Brasil.

[Ke et Sukthankar, 2004] Ke, Y., Sukthankar, R. (2004). PCA-SIFT : A More Distinctive Representation for Local Image Descriptors. CVPR'04, vol. 2, 506-513.

[Klein et Murray, 2009] Klein, G., and Murray, D. W. (2009). Parallel tracking and mapping on a camera phone, In Proceedings of the International Symposium on Mixed and Augmented Reality (ISMAR).

[Koch O et Teller, 2009] Koch, O., Teller, S. (2009). Body-Relative Navigation using Uncalibrated Cameras. International Conference on Computer Vision (ICCV), Kyoto, Japan.

[Koenig et Simmons, 1996] Koenig, S., and Simmons, R. (1996). Unsupervised learning of probabilistic models for robot navigation. ICRA.

[Kong et al., 2010] Kong, H., Audibert, J.-Y. and Ponce, J. (2010). General Road Detection From a Single Image. IEEE Transactions on Image Processing 19(8) : 2211-2220.

[Konolige et al., 2007] Konolige, K., Agrawal, M., and Solà, J. (2007). Large scale visual odometry for rough terrain. In Proc. International Symposium on Robotics Research.

[Konolige et al., 2009] Konolige, K., Agrawal, M., Blas, M. R., Bolles, R. C., Gerkey, B., Solà, J., and Sundaresan, A. (2009). Mapping, navigation, and

BIBLIOGRAPHIE

learning for off-road traversal. IEEE Journal of Field Robotics, 26(1) :88–113.

[Kosecka et Zhang 2002] Kosecka, J. and Zhang, W. (2002). Video compass. In Proceedings of the 7th European Conference on Computer Vision (ECCV), volume 2353, page 476. Springer-Verlag.

[Kovesi] Kovesi, P. D. MATLAB and Octave functions for computer vision and image processing. Centre for Exploration Targeting School of Earth and Environment The University of Western Australia. Available from :. Available from : < http ://www.csse.uwa.edu.au/~pk/research/matlabfns/>.

[Kuipers et Beeson, 2002] Kuipers, B., and Beeson, P. (2002). Bootstrap learning for place recognition. In Proceedings of the 18th National Conference on Artificial Intelligence (AAAI-02).

[Kulyukin et al., 2004a] Kulyukin, V., Sute, P., and Graw, N. D. (March 2004). Human robot interaction in a robotic guide for the visually impaired. In Proc. of the AAAI Spring Symposium on Interaction between Humans and Autonomous Systems over Extended Operation.

[Kulyukin et al., 2004b] Kulyukin, V., Gharpure, C., Nicholson, J. and Pavithran, S. (September 2004). Rfid in robotassisted indoor navigation for the visually impaired. In Proceedings of the 2004 IEEE/RSJ International Conference on Intelligent Robots and Systems.

[Kulyukin et al., 2004c] Kulyukin, V., Gharpure, C., Sute, P., Graw, N. D. and Nicholson, J. (2004). A robotic wayfinding system for the visually impaired. In Proceedings of the Sixteenth Innovative Applications of Artificial Intelligence Conference (IAAI-04).

[Kümmerle et al., 2012] Kümmerle R., Grisetti G., and Burgard W. (2012). Simultaneous Parameter Calibration, Localization, and Mapping. Advanced Robotics, 26(17) : 2021-2041.

[Kümmerle et al., 2011] Kümmerle R., Grisetti G., Strasdat H., Konolige K., and Burgard W. (2011). g2o : A General Framework for Graph Optimization, IEEE International Conference on Robotics and Automation (ICRA). http ://openslam.org/g2o.html.

[Kushal et al., 2002] Kushal, A.M., Bansal, V., Banerjee, S. (2002). A simple method for interactive 3D reconstruction and camera calibration from a single view. In Proceedings of Indian Conference in Computer Vision, Graphics and Image Processing.

[Ladetto et Merminod, 2002] Ladetto, Q., Merminod, B. (2002). Digital Magnetic Compass and Gyroscope Integration for Pedestrian Navigation, 9th St-Petersburg International Conference on Integrated Navigation Systems.

[Lébraly et al., 2010] Lébraly, P., Royer, E., Ait-Aider, O., and Dhome, M. (2010). Calibration of non-overlapping cameras - application to vision-based robotics. In Proceedings of the British Machine Vision Conference, pages 10.1–10.12. BMVA Press. doi :10.5244/C.24.10.

[Lee et al., 2002] Lee, S.C., Jung, S.K., Nevatia, R. (2002). Automatic Integration of Facade Textures into 3D Building Models with a Projective Geometry Based Line Clustering. EUROGRAPHICS, pp. 259-273, 21 (3).

[Leonard et Durrant-Whyte, 1991] Leonard, J.J. & Durrant-Whyte, H.F. (1991). Simultaneous map building and localization for an autonomous mobile robot, In IEEE/RSJ International Workshop on Intelligent Robots and Systems.

[Lowe, 2004] Lowe, D. (2004). Distinctive Image Features from Scale- Invariant Keypoints. In Int. J. of Computer Vision, vol.2, 91-110.

[Li S et Tsuji, 1999] Li, S. and Tsuji, S. (1999). Qualitative representation of scenes along a route, Image and Vision Computing, Vol. 17, pp. 685-700.

[Liebowitz, 2001] Liebowitz, D. (2001). Camera Calibration and Reconstruction of Geometry from Images. PhD thesis, University of Oxford, Dept. Engineering Science. D.Phil. thesis.

[Liebowitz et Zisserman, 1998] Liebowitz, D. and Zisserman, A. (1998). Metric rectification for perspective images of planes. In Proceedings of the Conference on Computer Vision and Pattern Recognition, pages 482–488, Santa Barbara, CA, USA. IEEE.

[Livarinen et al, 97] Livarinen, J., Peura, M., Srel, J. and Visa, A. (1997). Comparison of Combined Shape Descriptors for Irregular Objects, 8th British Machine Vision Conference, BMVC'97.

[Lutton et al., 1994] Lutton, E., Maitre, H., and Lopez-Krahe, J. (1994). Contribution to the determination of vanishing points using hough transform. IEEE Transaction on Pattern Analysis and Machine Intelligence (PAMI), 4(16) :430–438.

[Matas et al., 1998] Matas, J., Galambos, C., Kittler, J. (1998). Progressive Probabilistic Hough Transform. British Machine Vision Conference.

[Magee et Aggarwal, 1984] Magee, M. J. and Aggarwal, J. K. (1984). Determining vanishing points from perspective images. Journal of Computer Vision, Graphics and Image Processing, 26(2) :256–267.

[McLean et Koyyuri, 1995] McLean, G. F. and Koyyuri, D. (1995). Vanishing point detection by line clustering. IEEE Transactions on pattern analysis and machine intelligence, 17(11) :1090–1095.

[Mouragnon et al, 2006] Mouragnon, E., Lhuillier, M., Dhome, M., Dekeyser, F., and Sayd, P. (2006). Real time localization and 3d reconstruction. In CVPR, volume 1, pages 363 – 370.

[Moutarlier et Chatila, 1991] Moutarlier, P. & Chatila, R. (November 1991). Incremental free-space modeling from uncertain data by an autonomous mobile robot, In International Workshop on Intelligent Robots and Systems, pp. 1052–1058.

[Mingawa et al., 2000] Mingawa, A., Tagawa, N., Moriya, T. and Gotoh, T. (2000).Vanishing point and vanishing line estimation with line clustering. IEICE Transaction. Inf. & Syst., vol.E83–D, No.7.

[Micusik et al., 2008] Micusik, B., Wildenauer, H. and Vincze, M. (2008). Towards Detection of Orthogonal Planes in Monocular Images of Indoor Environments, IEEE International Conference on Robotics and Automation (ICRA), Los Angeles, USA.

[Mirzaei et Roumeliotis, 2011a] Mirzaei, F. M. and Roumeliotis, S. I. (2011). Optimal Estimation of Vanishing Points in a Manhattan World. In the IEEE International Conference on Computer Vision (ICCV).

[Mirzaei et Roumeliotis, 2011b] Mirzaei, F. M. and Roumeliotis, S. I. (2011). Supplementary Material for Optimal Estimation of Vanishing Points in a Manhattan World. York Urban Dataset Report, Department of Computer Science and Engineering, University of Minnesota.

[Nieto, 2010] Nieto, M. (2010). Detection and tracking of vanishing points in dynamic environments. PhD thesis, in the E.T.S.I.T. of the Universidad Politécnica de Madrid (UPM).

[Nieto et Salgado, 2011] Nieto, M. and Salgado, L. (2011). Simultaneous estimation of vanishing points and their converging lines using the EM algorithm. Pattern Recognition Letters, vol. 32, issue 14, pp. 1691-1700.

[Nieto et al., 2011] Nieto, M., Cuevas, C., Salgado, L., García, N. (2011). Line segment detection using weighted Mean Shift procedures on a 2D Slice sampling strategy. Pattern Anal. Appl. 14 (2), 149–163, 201.

[Nistér, 2004] Nistér, D. (2004). An efficient solution to the five-point relative pose problem. Pattern Analysis and Machine Intelligence (PAMI), 26(6) :756–777.

[Nistér et al., 2006] Nistér, D., Naroditsky, O., and Bergen, J. (2006). Visual odometry for ground vehicle applications. IEEE Journal of Field Robotics, 23(1) :3–20.

BIBLIOGRAPHIE

[Ohya et al., 2001] Ohya, A., Miyazaki, Y., and Yuta, S. (2001). Autonomous navigation of mobile robot based on teaching and playback using trinocular vision, In IEEE Industrial Electronics Conference.

[Olson, 2008] Olson, E. (June 2008). Robust and Effecient Robotic Mapping. PhD thesis, Massachusetts Institute of Technology, Cambridge, MA, USA.

[Pflugfelder, 2008] Pflugfelder, R.. (2008). Self-calibrating Cameras in Video Surveillance. PhD thesis, Graz University of Technology.

[Pflugfelder et al., 2005] Pflugfelder, R., Bischof, H., Fernandez, G., Nölle, M., and Schwabach, H. (2005). Influence of camera properties on image analysis in visual tunnel surveillance. In Proceedings of the 8th international conference on Intelligent Transportation Systems (ITSC). ITSS, IEEE.

[Pollefeys et al., 1998] Pollefeys, M., Koch, R., and van Gool, L. (1998). Self-Calibration and Metric Reconstruction in spite of Varying and Unknown Intrinsic Camera Parameters, International Conference on Computer Vision, Bombay, Inde, vol. , n° , p. 90-95, 4-7.

[Quan et Mohr, 1989] Quan, L., Mohr, R. (1989). Determining perspective structures using hierarchical Hough transform. Pattern Recognition Letters Vol. 9, pp. 279-286.

[Ran et al., 2004] Ran, L., Helal, S., Moore, S. (2004). Drishti : An Integrated Indoor/Outdoor Blind Navigation System and Service. Second IEEE International Conference on Pervasive Computing and Communications (PerCom'04), pp. 23.

[Ranganathan et al., 2005] Ranganathan, A., Menegatti, E., and Dellaert, F. (2005). Bayesian Inference in the Space of Topological Maps. IEEE Transactions on Robotics.

[Rasmussen, 2004] Rasmussen, C. (2004). Texture-based vanishing point voting for road shape estimation. In : Proc. BMVC.

[Renaudin et al., 2007] Renaudin, V., Yalak, O., Tomé, P., and Merminod, B. (July 2007). Indoor Navigation of Emergency Agents, European Journal of Navigation, Vol 5(3), pp. 36-45.

[Ribeiro et Hancock, 2002] Ribeiro, E., and Hancock, E. R. (2002). Estimating the perspective pose of texture planes using spectral analysis on the unit sphere. Pattern Recognition , Vol. 35 (10), pp. 2141-2163.

[Ribeiro et Hancock, 2000a] Ribeiro, E., and Hancock, E. R. (2000). Estimating the 3D orientation from texture planes using local spectral analysis. Image and Vision Computing, 18(8) :619-631.

[Ribeiro et Hancock, 2000b] Ribeiro, E., and Hancock, E. R. (2000). Improved orientation estimation for texture planes using multiple vanishing points. Pattern Recognition, 10 :1599-1610.

[Ribeiro et Hancock, 2000c] Ribeiro, E., and Hancock, E. R. (2000). Perspective pose from spectral voting. In IEEE Conference on Computer Vision and Pattern Analysis - CVPR, pages I :656-662, South Carolina, USA.

[Rother, 2000] Rother, C. (2000). A new approach for vanishing point detection in architectural environments. In Prodeedings of the 11th British Machine Vision Conference, pages 382–391.

[Royer, 2006] Royer, E. (2006). Cartographie 3D et localisation par vision monoculaire pour la navigation autonome d'un robot mobile. Thèse de Doctorat d'Université. Université Blaise Pascal – Clermont II.

[Royer et al., 2006] Royer, E., Lhuillier, M., Dhome, M. et Lavest, J.-M. (2006). Localisation par vision monoculaire pour la navigation autonome, Revue Traitement du Signal, Vol 23, No 1.

[Saurer et al., 2010] Saurer, O., Fraundorfer, F. and Pollefeys, M.. (2010). : Visual Localization Using Global Visual Features and Vanishing Points. In CLEF (Notebook Papers/LABs/Workshops).

[Schindler et Dellaert, 2004] Schindler, G. and Dellaert, F. (2004). Atlanta world : An expectation maximization framework for simultaneous low-level edge grouping and camera calibration in complex manmade environments. In Proceedings of the Conference on Computer Vision and Pattern Recognition, pages 203–209.

[Schindler et Joachim, 2003] Schindler, K., and Joachim, B. (2003). Towards feature-based building reconstruction from images. In International Conference in Central Europe on Computer Graphics, Visualization and Computer Vision (WSCG2003).

[Se et al., 2001] Se, S., Lowe, D. & Little, J. (October 2001). Local and Global Localization for Mobile Robots using Visual Landmarks, In IEEE/RSJ International Conference on Intelligent Robots and Systems, pp. 414–420.

[Sekita, 1994] Sekita, I. (1994). On fitting several lines using the EM algorithm. In Proceedings on CVVC, pages 107–109.

[Seo et al., 2006] Seo, K. S., Lee, J. H., and Choi, H. M. (2006). An efficient detection of vanishing points using inverted coordinates image space. Pattern Recognition Letters, 27 :102–108.

[Shatkay et Kaelbling, 1997] Shatkay, H., and Kaelbling, L. P. (1997). Learning Topological Maps with Weak Local Odometric Information, IJCAI (2), pp. 920-929.

[Shufelt, 1999] Shufelt, J. A. (1999). Performance evaluation and analysis of vanishing point detection techniques. IEEE Transactions on Pattern Analysis and Machine Intelligence, 21(3) :282–288.

[Simond et Rives, 2004] Simond, N. et Rives, P. (2004). Trajectography of an uncalibrated stereo rig in urban environments. In IEEE RSJ/International conference on Intelligent Robot and System (IROS'04), pages 3381–3386, Sendai, Japan.

[Strasdat et al., 2010a] Strasdat, H., Montiel, J. M. M., and Davison, A. J. (2010). Real-time monocular SLAM : Why filter ?, In Proceedings of the IEEE International Conference on Robotics and Automation (ICRA).

[Strasdat et al., 2010b] Strasdat, H., Montiel, J. M. M., and Davison, A. J.. (2010). Scale Drift-Aware Large Scale Monocular SLAM, Robotics : Science and Systems.

[Stratmann et Solda, 2004] Stratmann, I., and Solda, E. (2004). Omnidirectional vision and inertial clues for robot navigation. J. Robot. Syst., 21(1) :33–39.

[Sunderhauf et al., 2005] Sunderhauf, N., Konolige, K., Lacroix, S., and Protzel, P. (2005). Visual odometry using sparse bundle adjustment on an autonomous outdoor vehicle. In Tagungsband Autonome Mobile Systeme. Springer Verlag.

[Suttorp et Bucher, 2006] Suttorp, T. Bucher, T. (2006). Robust vanishing point estimation for driver assistance. In IEEE Proc. Intelligent Transportation Systems Conference, pages 1550 – 1555.

[Svedberg et Carlsson, 2000] Svedberg, D., and Carlsson, S. (2000). Calibration, pose and novel views from single images of constrained scenes. Pattern Recognition Letters, 21(13-14). Elsevier, 1125–1133.

[Tapus et Siegwart 2005] Tapus, A., and Siegwart, R. (2005). Incremental Robot Mapping with Fingerprints of Places, IROS, Edmonton.

[Tardif, 2009] Tardif, J.-P. (2009). Non-iterative approach for fast and accurate vanishing point detection. In Proc. International Conference on Computer Vision, pages 1250–1257, Kyoto, Japan.

[Thrun et Burgard, 2000] Thrun, S., Burgard, W. & Fox, D. (2000). A Real-Time Algorithm for Mobile Robot With Applications to Multi Robot and 3D Mapping, In IEEE International Conference on Robotics and Automation.

[Treuillet et Royer, 2010] Treuillet, S., Royer, E. (October 2010). Outdoor/Indoor Vision-Based Localization for Blind Pedestrian Navigation Assistance. Int. J. Image Graphics 10(4) : 481-496.

[Tuytelaars et al., 1998] Tuytelaars, T., Gool, L. J. V., Proesmans, M. et Moons, T. (1998). A cascaded hough transform as an aid in aerial image interpretation. In International Conference on Computer Vision, pages 67–72.

[Walder et al., 2009] Walder, T., Bernoulli, T., and Wießflecker, T. (May 2009). An indoor positioning system for improved action force command and disaster management. In Proceedings of the 6th International ISCRAM Conference.

[Wijk et Christensen, 2000] Wijk, O. & Christensen, H.I. (2000). Triangulation Based Fusion of Sonar Data for Robust Robot Pose Tracking, IEEE Transactions on Robotics and Automation, vol. 16, pp 740-752.

[Wilczkowiak et al., 2001] Wilczkowiak, M., Boyer, E., Sturm, P. (2001). Camera calibration and 3D reconstruction from single images using parallelepipeds. International Conference on Computer Vision, 142–148.

[Wilczkowiak et al., 2002] Wilczkowiak, M., Boyer, E., Sturm, P. (2002). 3D modelling using geometric constraints : A parallelepiped based approach. Lecture Notes in Computer Science, vol. 5. Springer-Verlag, 221–236.

[Wilczkowiak et al., 2005] Wilczkowiak, M., Sturm, P., Boyer, E. (2005). Using geometric constraints through parallelepipeds for calibration and 3D modeling. Transactions on Pattern Analysis and Machine Intelligence, 27(2), IEEE, 194–207.

[Wu et al., 2007] Wu, Q., Shao, T., Chen, T. (2007). Robust Self-calibration from Single Image Using RANSAC. Lecture Notes in Computer Science, vol. 4841. Springer, 230.

[Xie et al., 2004] Xie, W., Zhang, Z. et Zhang, J. (2004). Multi-image Based Camera Calibration without Control Points, volume 35 de 5. International archives of Photogrammetry Remote Sensing and Spatial Information Sciences. p :36-41.

[Zhang, 1998] Zhang, Z., (1998). Determining the Epipolar Geometry and its Uncertainty. A Review in International Journal of Computer Vision, volume 27, n° 2, pages 161-198.

[Zhang, 2000] Zhang, Z. (2000). A Flexible New Technique for Camera Calibration. IEEE Transactions on Pattern Analysis and Machine Intelligence, vol. 22, n° 11, p. 1330-1334.

[Zhang, 2004] Zhang, Z. (2004). Camera Calibration with One-Dimensional Objects. IEEE Transactions on Pattern Analysis and Machine Intelligence, vol. 26, n° 7, p. 892-899.

[Zhang et Kleeman, 2009] Zhang, A. M. and Kleeman, L.. (2009). Robust appearance-based visual route following for navigation in large-scale outdoor environments. The International Journal of Robotics Research, 28(3) :331–356.

[Zhang et Kosecka, 2002] Zhang, W. and Kosecka, J. (2002). Efficient detection of vanishing points. In IEEE International Conference on Robotics and Automation.

[Zivkovic et al., 2005] Zivkovic, Z., Bakker, B., and Kröse, B. (2005). Hierarchical Map Building Using Visual Landmarks and Geometric Constraints. IROS, Edmonton, pp. 7-12.

Oui, je veux morebooks!

I want morebooks!

Buy your books fast and straightforward online - at one of the world's fastest growing online book stores! Environmentally sound due to Print-on-Demand technologies.

Buy your books online at
www.get-morebooks.com

Achetez vos livres en ligne, vite et bien, sur l'une des librairies en ligne les plus performantes au monde!
En protégeant nos ressources et notre environnement grâce à l'impression à la demande.

La librairie en ligne pour acheter plus vite
www.morebooks.fr

VDM Verlagsservicegesellschaft mbH
Heinrich-Böcking-Str. 6-8
D - 66121 Saarbrücken

Telefax: +49 681 93 81 567-9

info@vdm-vsg.de
www.vdm-vsg.de

Printed by Books on Demand GmbH, Norderstedt / Germany